L'IMPRIMERIE

AU HAVRE

DE 1670 A 1870

SOCIÉTÉ HAVRAISE D'ÉTUDES DIVERSES
Extrait du Recueil de ses Publications (Année 1903, 2ᵉ trimestre)

L'IMPRIMERIE

AU HAVRE

DE 1670 A 1870

PAR

Georges-D. QUOIST

Imprimeur

Ouvrage orné de 7 figures

LE HAVRE

IMPRIMERIE H. MICAUX

1904

ABREVIATIONS

Coll. N.	Collection N…
[1787]	date supposée.
[Dubocage]	attribué à Dubocage.
B. Nation.	Bibliothèque Nationale.
B. M.	Bibliothèque Municipale.
Arch. M.	Archives de la Ville du Havre.
Arch. dép.	Archives du Département.
Vente Touss.	Vente Toussaint.
Lech.	Lechevalier.
S. d.	sans date.

INTRODUCTION

Dans plusieurs villes de France, des monographies sur l'Imprimerie ont été publiées.

Nous avons pensé qu'un travail semblable fait pour le Havre serait bien accueilli.

L'art de l'Imprimerie n'est-il pas un de ceux qui ont le plus aidé au développement des connaissances humaines. Sa puissance de diffusion est, on peut le dire, sans limites. Reproductrice fidèle et docile, l'Imprimerie est devenue, de nos jours, l'aide indispensable de toute société constituée.

Au décès de M. A.-G. Lemale, l'imprimeur et écrivain bien connu, et sur notre demande, les notes qu'il recueillait sur les imprimeurs du Havre nous ont été remises. Leur précieux appoint nous a permis de compléter un travail que nous avions commencé depuis plusieurs années. Ce travail, que nous eussions voulu plus complet, n'en sera pas moins, nous en avons l'espoir, une contribution utile à l'histoire de notre Cité.

C'est avec une légitime émotion que nous nous faisons un devoir de mentionner ici cette collaboration posthume de notre ancien chef.

L'érudit imprimeur, dans une courte Préface, après avoir exposé que son travail avait surtout pour but d'encadrer l'histoire de son père, Alphonse Lemale, terminait ainsi :

« Un décret rendu le 10 septembre 1870 par le gouvernement de la Défense nationale a proclamé la liberté de l'Imprimerie.

» Là s'arrête l'histoire de cette profession sous le régime de l'autorisation préalable des brevets. La Corporation fermée a cédé la place à la liberté pour tous ; l'émulation professionnelle à la concurrence ;

le souci de bien faire à la poursuite du bon marché ! Est-ce un bien, est-ce un mal ? L'avenir le dira ! »

Nous rangeant à l'opinion que nous venons de citer, nous arrêterons, nous aussi, notre histoire à l'année 1870.

Il existe sur l'histoire de l'Imprimerie au Havre, un fort intéressant chapitre dans les Glanes Havraises *de notre sympathique collègue, M. A. Martin. C'est tout ce qui a été publié jusqu'ici sur ce sujet. Aussi sommes-nous heureux « d'en profiter » et d'être de « ceux que l'histoire intéresse » (1). Nous aurons l'occasion de citer cet ouvrage au cours de notre étude.*

Pour que cette histoire soit complétée comme il convient, nous donnons à la fin du chapitre concernant chaque imprimeur, aussi exacte que possible, la liste des ouvrages sortis de ses presses avec, pour chacun d'eux, le nom d'un des possesseurs actuels, ou, à leur défaut, le bibliographe ou le catalogue qui l'a signalé.

Toutes les fois qu'il nous a été possible de faire une critique de quelques-uns de ces ouvrages, nous n'avons pas manqué de le faire ; nous tenons à déclarer que le relevé des fautes techniques, si minimes soient-elles, n'a pas été établi pour obéir à un sens critique exclusivement sévère ; ce relevé des incorrections de nos premiers imprimeurs havrais a eu un but plus aimable pour eux et plus utile pour tous : Nous y voyons comme une table de garantie, sorte de références consacrant les ouvrages de ces tardifs pionniers au Havre d'un art connu depuis plus de deux siècles.

Notre ami M. E. Seguin, le collectionneur Havrais, a bien voulu mettre à notre disposition sa magnifique collection d'ouvrages locaux, une des plus complètes qui existent concernant notre Ville, et nous aider de ses précieux renseignements. Nous lui devons en outre les autographes de Jacques Gruchet et de Louise Maurry, sa femme, le catalogue de l'imprimerie de la veuve de Guillaume

---

(1) ALPH. MARTIN. — *Glanes historiques sur le Havre et son arrondissement.* Havre, libr. Bourdignon ; Fécamp, imp. Durand, 1878 ; préface (2 fascicules).

Gruchet, *et la possibilité d'avoir pu faire photographier les deux marques de P.-J.-D.-G. Faure.*

M. Ch. de Beaurepaire, l'éminent archiviste de la Seine-Inférieure, *nous a copié de sa main les délibérations de la Communauté des Imprimeurs de Rouen. Ces documents nous ont permis de compléter heureusement notre chapitre sur Jacques Gruchet.*

M. A. Barrey, notre aimable collègue, archiviste de la Ville, a mis fort gracieusement à notre disposition les raretés municipales.

M. A. Lachèvre, directeur du Journal du Havre, *nous a fourni sur l'imprimerie qu'il dirige de précieux renseignements et nous a obligeamment permis de consulter la collection du* Journal du Havre *dans laquelle nous avons puisé d'intéressants détails.*

M. Millot, bibliothécaire de la Ville du Havre, nous a montré ce que la bibliothèque Municipale possède de livres imprimés au Havre. Nous les avons parcourus avec tout le recueillement que méritent ces ouvrages des premiers imprimeurs havrais.

La Bibliographie méthodique de l'arrondissement du Havre, *de notre collègue et ami, M. Lechevalier, nous a permis de compléter nos bibliographies d'imprimeurs.*

A tous ces aimables collaborateurs, nous adressons nos plus vifs remerciements et nous les assurons de notre bien vive gratitude.

Pour chacun des chapitres, nous avons adopté le système de la généalogie : nous suivrons ainsi l'existence de chaque maison de successeur en successeur soit jusqu'en 1870 si elle existe encore à cette époque, soit jusqu'à sa disparition.

Nous donnons à la fin de cette étude, à titre documentaire, la liste des journaux parus de 1776 (date d'apparition du premier journal publié au Havre) à 1870.

L'IMPRIMERIE AU HAVRE

DE 1670 A 1870

PREMIÈRE PARTIE

Imprimeries fondées avant 1800

CHAPITRE PREMIER

Imprimerie Jacques Gruchet

(1670-1870)

*Jacques Gruchet [avec Louis Maurry ?] (1670-1687). — Veuve de
Jacques Gruchet (1687-1692). — Jacques Hubault (1683-1702). —
Veuve de Jacques Hubault (1702-1703). — Simon Terrier (1683-
1742). — Guillaume Gruchet (1703-1722). — Veuve de Guillaume
Gruchet [1722-1741]. — [Jean Plainpel et Marchoisne (1742-1750)].
— Veuve de Guillaume Gruchet et Pierre Faure [1729]-1751). —
Pierre-Joseph-Denis-Guillaume Faure (1753-1818). — Guillaume-
Stanislas Faure (1818-1826]. — Stanislas Faure (1826-1843). —
Brindeau et C*ⁱᵉ* (1843-1861). — Gustave Cazavan et C*ⁱᵉ* (1861-1870).*

Jacques Gruchet, le premier imprimeur havrais, vint s'é-
tablir au Havre en 1669, selon M. Vesque ; en 1670, selon M.
Frère (1).

Son installation dans notre ville n'eut pas lieu sans encom-
bre. M. Ch. de Beaurepaire, archiviste du département de la
Seine-Inférieure, dans une allocution prononcée devant la Société des Bibliophiles normands (2), nous renseigne à cet
égard :

... Au Havre, l'imprimerie a commencé par un nommé Gruchet,
marchand mercier, gendre de l'imprimeur rouennais Louis Maurry.
Etranger, disait-on, à l'imprimerie, Gruchet avait fait charger dans un

---

(1) Cités par M. A. MARTIN dans ses *Glanes historiques*, p. 30.
(2) Séance du 10 décembre 1896.

bateau du port de Rouen à destination du Havre, une imprimerie, consistant en presses, caractères de lettres de fonte et autres ustensiles qui lui avaient été fournis par son beau-père. Les gardes de l'art d'imprimeurs-libraires de Rouen, s'autorisant d'un arrêt du Conseil du Roi du 6 octobre 1667, firent saisir le tout sous prétexte que Gruchet n'appartenait pas à leur Communauté (4 octobre 1669). Il paraît, par leurs délibérations du 17 octobre 1669, 12 et 13 février et 18 décembre 1670, que l'établissement projeté a été réclamé par M. de la Vessière, lieutenant du Roi au Havre, et par les échevins de cette ville, qui regrettaient, pour bien des actes de leur administration, d'être dans la nécessité de recourir à des imprimeurs de Rouen ou d'ailleurs. On voit encore que M. Costé de Saint-Supplix, conseiller à la Cour, et le premier président, s'entremirent pour arriver à un accommodement, lequel fut certainement conclu, mais dont je ne connais pas les termes.

Ce qui me semble probable, c'est que Gruchet fut obligé de s'abriter sous le nom du fils de Louis Maurry, et que, sans ajouter une foi entière à sa sincérité, les imprimeurs de Rouen se contentèrent de la déclaration passée par lui : qu'il ne serait que le gérant de l'imprimerie nouvelle, en attendant que le fils de Louis Maurry, parvenu à sa majorité, eût été autorisé, en sa qualité de fils de maître, à exercer l'état d'imprimeur au Havre.

Comme nous étions désireux de compléter cette allocution en donnant les textes qu'elle vise, M. Ch. de Beaurepaire a bien voulu, sur notre demande, nous offrir la copie des délibérations de la Communauté des imprimeurs-libraires de Rouen ayant trait à l'établissement de Jacques Gruchet au Havre.

Ces délibérations, fort curieuses, tant au point de vue de la profession qui nous occupe qu'à celui de la défense des intérêts de la dite profession, montrent combien les imprimeurs de cette époque étaient soucieux de leurs prérogatives et savaient mettre tout en œuvre pour conserver les droits que leur conféraient les arrêtés royaux.

Nous croyons utile de les donner ici *in extenso*, elles établissent exactement et indiscutablement dans quelles conditions le premier imprimeur havrais s'installa dans notre ville.

Nous les présentons par ordre chronologique :

« Extrait du *Livre de la Communauté des Marchands libraires-imprimeurs de Rouen* de 1648 à 1671 :

Du quatrième jour d'octobre 1669,

Assemblée a esté convoquée par les gardes pour deux chefs, le premier sur l'avis qui a esté donné aux dits gardes qu'un surnommé Gruchet, habitant dans la ville du Havre-de-Grâce, aurait acheté de sieur Laurens Maurry père, maistre imprimeur libraire de cette ville, une imprimerie consistant en presses, caractères de lettres de fonte et autres ustensiles servant à l'art d'imprimerie, laquelle imprimerie ledit Gruchet a fait charger dans les heux (1) du capitaine (en blanc) demeurant en la dite ville du Havre, et comme les dits gardes ont cognoissance que ledit Gruchet n'a aucune qualité du libraire imprimeur et que souffrant l'enlèvement de ladite imprimerie ce seroit contrevenir à l'intention du Roy portée dans l'arrest du Conseil du sixième octobre 1667, ils ont esté obligez d'en donner advis à ladite communauté afin d'en résoudre ce qu'elle advisera bon titre.

. . . . La Communauté au regard du premier chef est d'avis que lesdits gardes assistez des sieurs Jean de Manneville, Jean Viret, Jacques Besongne, Jean Machuel, Jullien Courant et Robert Séjourné se retireront devers Monsieur le lieutenant général pour luy en donner avis et suivre ses ordres sur ce sujet soubz son authorité et mesme de faire arrester si besoing est lesdites presses et ustensiles servant à ladite imprimerie et librairie.

Du 17 octobre 1669 :

Assemblée générale a esté convoquée par les maistres et gardes de l'art de libraire imprimeur suivant l'ordonnance de Messieurs de la Chambre des Vacations sur la conférence faite au parquet de Messieurs les gens du Roy du jour d'hier en laquelle ledit Sieur Advocat général proposa un expédient qui seroit que pour empescher que l'imprimerie en question puisse être transportée hors de cette ville, que celuy qui l'a vendue eust à la reprendre pour indemniser ledit Gruchet ou la Communauté si elle le trouve bien.

Ladite Communauté a arresté, veu que ledit sieur Laurent Maurry père ne s'est trouvé à ladite assemblée quoiqu'il en aye esté bien et deuement averty du jour d'hier tans par les dits gardes que par le clerc de la dite communauté quoy que depuis sept heures du matin jusques à dix ont tenu la porte de la salle ouverte les dits gardes sont chargez de représenter au dit sieur avocat général la diligence qu'ils ont faite et qu'ils ne peuvent donner encore ample responce, sur la proposition de mondit sieur, qu'il luy plait faire du jour d'hier au parquet jusques à ce qu'il ayent sceu l'intention dudit Maurry qui a vendu ladite imprimerie audit Gruchet mesme pour ne sçavoir le prix de la dite vente d'icelle.

---

(1) Bâtiment à fond plat utilisé sur les rivières.

Du mercredy dousième jour de février 1670 :

A esté représenté qu'en conséquence du procesz pendant à la Cour contre un surnommé Gruchet du Havre et Louys Maurry Maître de cette Ville que M. de St-Supplix, conseiller en la Cour aurait mandé lesdits gardes pour trouver moyen de faciliter moyen d'accommodement pour la presse de caractères qui ont esté saisis, requeste des gardes année dernière et que pour cet effet il auroit mis ès-mains de sieur Jean Viret deux lettres missives l'une du sieur de la Vessière, lieutenant au Havre, et l'autre des sieurs Eschevins de ladite Ville du Havre pour en faire lecture à la Communauté, desquelles lettres lecture en a esté ce jour d'huy faite à la Communauté.

La dite communauté au regard du privilège obtenu par les dits Saureux et Lesclaffan ladite Communauté n'empesche l'effet dudit privilège, et pour faire réponse à la prière de M. de St-Supplix ladite Communauté a receue ledit Louys Maury s'estant présenté en icelle assemblée et déclaré à ladite Communauté que ladite presse et caractères saisis acheptez par ledit Gruchet son gendre ne sont point pour le service dudit Gruchet comme n'en ayant la capacité ny qualité mais bien vray qu'il a acheté icelle pour servir au fils d'iceluy Maury lorsqu'il sera en estat et en âge de tenir imprimerie ou bien pour employer un des maistres de cette ville et a signé

Louis MAURRY.

Du 13 février 1670 :

Assemblée générale a esté ce jour d'huy convoquée par les gardes pour réitérer à la Communauté le sujet de l'Assemblée du jour d'hier consistant en quatre chefs cy dessous enoncez la Compagnie ayant trouvé à propos de ne rien délibérer en conséquence d'autant que l'assemblée n'estoit pour lors assez complète. . . . .

Ladite Communauté ayant considéré la déclaration dudit Louys Maury et que ladite imprimerie n'est point pour servir audit Gruchet, son gendre, comme n'ayant le pouvoir, n'estant apprentif ny maistre de cette province ne peut consentir la délivrance de ladite presse et caractères arrestez attendu que ce seroit contrevenir à l'arrest du Conseil d'Estat de Sa Majesté en l'année 1667 qui fait deffences d'establir aucunes imprimeries nouvelles en aucune des villes de son royaume sans permission de la dite Majesté portant le dit arrest. Deffences aux Syndics et adjoints de la ville où il y a Maistrises de consentir a l'establissement des imprimeries nouvelles à peine d'estre privez de leurs maitrises. Se rapportant ladite Communauté à la Cour d'ordonner ce qu'elle advisera bien estre sur ladite saisie et que douze anciens de cette communauté assisteront les gardes pour aller trouver M. de St-Supplix doyen des conseillers de ladite cour pour luy faire le récit du résultat de ladite Communauté.

Du jeudy 18 décembre 1670 :

Assemblée générale a esté faite en laquelle les gardes ont représenté que M. le Premier Président au Parlement de Rouen les a mandez chez luy pour l'Imprimerie cy-devant saisie par ordre de la communauté sur le nommé Gruchet, mercier au Havre, qui prétendoit faire porter (*sic*) et que les eschevins dudit Havre réclament ladite imprimerie comme à eux appartenant, laquelle mondit seigneur le Premier Président et Mg' Berrier, secrétaire du Conseil d'Estat ont commandé aus dits gardes de la restituer en donnant par les dits sieurs eschevins une descharge de ladite imprimerie à quoy par lesdits gardes a esté respondu qui ne le pouvoient faire de leur chef sans au préalable avoir fait assemblée de ladite Communauté par ordre de laquelle et en vertu de l'arrest du Conseil d'Estat en dabte du 6 octobre 1667 ladite imprimerie a esté arrestée précédent ce jour, ce que les dits gardes représentent à ladite assemblée a ce quelle aye à délibérer ce quelle advisera bien pour ensuite rendre responce à mondit seigneur le Premier Président et lui monstrer la délibération de ladite communauté.

Ladite Communauté, d'un avis uniforme a arresté que lesdits gardes se transporteront chez Mg' le Premier Président assistez des sieurs Manneville, Lallemant, Costé, Jean et Guillaume Machuel et Claude Grivel que ladite communauté a nommez lesquels représenteront à mondit seigneur que ce que ladite communauté a fait n'a esté qu'en vertu dudit arrest du Conseil d'Estat et pour se mettre à couvert de la privation de la Maistrise portée par iceluy et que ladite imprimerie n'a point été acheptée par ordre des dits eschevins attendu que la plus grande partie en est encore deue et que ledit Gruchet n'est capable de l'exercice estant un mercier qui neu a aucune cognoissance et que la cour du Parlement est saisie tant sur le haro que sur l'appel interjetté par ledit Maurry, beau-père dudit Gruchet ; ledit Maurry a tellement recongneu l'incapacité dudit Gruchet son gendre que sur le livre de la Communauté en dabte du 12 février dernier l'a signé et déclaré que ladite presse et caractères saisis acheptez par ledit Gruchet ne sont point pour son service comme n'ayant la qualité ni capacité pour servir au fils dudit Maurry lorsqu'il sera en estat et aage de l'exercer ou bien employer un des maistres de cette ville s'offrant de s'y aller establir sy besoing est d'un imprimeur. Attendu que ceux qui sont receus maistres en cette ville ont le pouvoir de s'establir dans toutes les villes de la province n'estant pas juste qu'un estranger s'establisse au préjudice des arretz et règlements. Se rapportant néanmoins ladite communauté à la Cour d'ordonner ce qu'elle advisera bien pour la descharge de ladite Communauté.

Nous complétons ces délibérations par la requéte que Jac-

ques Gruchet formulait le 12 octobre 1669, appuyée par le procureur-syndic et par les eschevins du Havre.

Nous l'avons copiée sur le Registre de police de la Ville du
Havre de 1669 à 1671, f^{llets} 37. M. A. Martin l'avait reproduite
avant nous dans son intéressant ouvrage sur *Les anciennes
Communautés d'Arts et Métiers du Havre*, page 226.

Du 12 octobre 1669, requête par Jacques Gruchet, bourgeois de ce
lieu, disant qu'il aurait, par l'ordre et l'assentiment des échevins,
traité de tous les ustensiles propres à l'imprimerie, avec le nommé
Laurens Maury, de la ville de Rouen, par un prix considérable, à des-
sein d'établir en cette ville ladite imprimerie, pour le service et intérêt
public, et que s'étant mis en fait de les faire apporter de ladite ville de
Rouen, en cette ville, et les ayant fait embarquer et acquitter à la Ro-
maine, il en aurait été empêché par les gardes imprimeurs de Rouen,
lesquels auraient saisi et arrêté son imprimerie, et ensuite de quoi,
l'affaire est pendante devant nos seigneurs de la Chambre du Parlement, et ledit suppliant hors d'état de soutenir les frais d'un grand
procès, et dans la crainte de le perdre s'il n'était pas appuyé, étant
constant qu'il ne s'est engagé à l'achat de ladite imprimerie, que pour
le bien public, et par l'ordre des échevins.

Par le procureur-syndic, a été dit que loin d'empêcher les fins de
la requête, il requiert l'adjonction, pour défendre partout et contre
toute personne, le droit et la liberté d'établir en cette ville une imprimerie nécessaire, étant de la dernière conséquence pour le service du
roi et le bien public, qu'une ville de cette considération puisse se pré-
valoir de cet avantage.

Par avis uniforme, la compagnie a donné adjonction audit Gruchet, et au nom d'icelle, pour défendre partout où il appartiendra, ladite imprimerie, laquelle nous lui avons permis et permettons d'établir
en cette ville pour le service du roi et le bien public d'icelle.

(Signé) : Lepretre, Glier, Louvel, Morel et E. Martin.

Après lecture de ces divers documents, nous avons été
amené à admettre la version de M. Frère fixant à 1670 la date
de l'introduction de l'imprimerie au Havre, attendu que nous
voyons en décembre 1670 l'affaire Gruchet encore pendante
devant le Parlement de Rouen.

Si nous ne craignions de paraître vouloir imposer notre opinion à cet égard, nous dirions que la date à attribuer à cette
introduction serait plutôt, pour être logique, celle de 1671. Les
documents nous manquant, nous ne pouvons qu'émettre une

opinion toute hypothétique que rien du reste ne paraît jusqu'à présent devoir infirmer.

Comme on l'a vu dans la délibération de l'assemblée des gardes du 18 décembre 1670, et comme l'a répété M. de Beaurepaire dans son allocution, Jacques Gruchet, pour donner satisfaction aux légitimes susceptibilités de la corporation des imprimeurs de Rouen, dut placer son établissement à l'abri sous le nom de Maurry fils; si aucun document parmi ceux que nos recherches ont fait passer sous nos yeux n'est venu démentir cette idée, rien non plus ne l'a confirmée. Il y a tout lieu de croire, comme on le verra plus loin, que Jacques Gruchet mit hardiment son nom sur les premiers ouvrages qu'il imprima et que celui du fils Maurry ne figura jamais sur aucun livre.

Et nous voyons bientôt Jacques Gruchet obtenir le double titre d'imprimeur-libraire de Mgr le duc de Saint-Aignan et de la Ville du Havre.

Le célèbre gouverneur du Havre dut puissamment protéger son imprimeur; dans l'épître suivante que Gruchet lui adresse en 1675 (1), il manifeste si ouvertement sa reconnaissance que tout fait supposer que le duc de Saint-Aignan lui avait rendu de signalés services à moins que Gruchet n'eût à se faire pardonner quelque infraction aux règlements si sévères régissant sa profession :

A Monseigneur le Duc de Saint-Aignan, pair de France, chevalier des ordres du Roy, premier gentilhomme de sa Chambre, Gouverneur et Lieutenant général du Havre-de-Grâce, Harfleur, Montivilliers et Château de Loches et Beaulieu, etc.

Monseigneur,

Quoiqu'il n'y ait rien de plus juste que la reconnaissance des bienfaits si est ce qu'en faisant offre de ce petit livre à votre Grandeur (lequel m'a esté donné par l'Auteur) je ne prétends nullement m'acquitter de ceux dont je vous suis redevable, mais comme une marque très ardente de mon respect et de ma soumission, comme au protecteur de la navigation de cette Ville, à qui elle doit tout ce qu'elle a de bonheur, et une restitution particulière de mes veilles, puisqu'il est vrai qu'elles ont par beaucoup de titres le bonheur de vous appartenir, votre bonté, Monseigneur, m'ayant exempté de celles qui pouvaient interrompre le cours de ma Profession, il

---

(1) Dans *les Principes de la Navigation*, de Blondel Saint-Aubin, 1675.

estait donc bien juste de vous conserver ce qu'elles ont produit. La petitesse de l'ouvrage ne vous empêchera pas de recevoir, puisqu'il est impossible d'en pouvoir produire qui soit proportionnés à Votre Grandeur, et à l'excès des obligations dont je vous suis redevable. A peine ma vie pourra-t-elle suffire pour faire incessamment des vœux pour la prospérité de votre très illustre Famille et pour vous assurer que je suis, avec tout le respect possible,

Monseigneur, de Votre Grandeur, le très humble, très obéissant, très obligé et fidéle serviteur.

Jacques GRUCHET.

Cette curieuse épître nous montre quelle singulière habitude avaient, à cette époque, les imprimeurs de mêler leur prose à celle des auteurs soit pour flatter ou glorifier un personnage important de l'époque, soit pour avertir le lecteur, ainsi que nous allons le voir dans le fragment suivant extrait d'une dédicace au duc de Saint-Aignan ouvrant *Le Parallèle de Louis Le Grand*, etc., par A. Magnin, et portant pour titre : *De l'Imprimeur au Lecteur* :

.....J'espère, ami lecteur, que tu n'auras pas de chagrin d'avoir acheté ce recueil, encore moins de l'avoir lu, puisqu'il y a de quoy te satisfaire, et de quoy contenter toutes sortes de goûts, par la diversité des pensées, qui en font l'agrément, car enfin ce sont ici proprement des jeux d'esprits, etc., etc.

Frère, dans son *Manuel du Bibliographe normand*, cite comme premier ouvrage imprimé au Havre *L'Usage de la sphère plate universelle*, de Le Vasseur de Beauplan. M. Lechevalier dit que cet ouvrage constitue la plus ancienne impression havraise connue. La bibliothèque de Rouen en possède un exemplaire. Catal. I. 991.

Nous partagions entièrement cette opinion de M. Frère, que M. Lechevalier appuyait, mais une circonstance fortuite vint détruire leur assertion et nous eûmes bientôt la preuve qu'en effet elle était erronée : Le catalogue Claudin de janvier 1903, p. 297, n° 14397, cite une impression havraise de la même époque : *Le Trésor de la Navigation*, divisé en deux parties, etc., par Blondel Saint-Aubin, 1673, Jacques Gruchet (1). Cet ouvrage aurait donc été publié la même année que *La sphère plate*, de Beauplan. Auquel de ces deux ouvrages appartient la priorité d'apparition ? Une note du libraire nous épargne la peine de répon-

---

(1) Cet ouvrage a été acquis depuis par la Bibliothèque municipale du Havre.

dre à cette question. *Le Trésor de la Navigation* est dédié à M. de Frémont, trésorier de France. Nous citons ici une partie de cette note : « L'auteur lui rappelle qu'il a déjà été flatté de son approbation « sur un premier ouvrage » qu'il a mis au jour il y a quelque temps. Cet ouvrage est le *Véritable art de naviger par le quartier de réduction*, imprimé par le même Jacques Gruchet en 1671, in-4° que n'a pas connu Frère ni les autres bibliographes et qui est cité par Deschamps d'après l'exemplaire de de la bibliothèque de l'Arsenal. »

Il est de toute évidence que le *Véritable art de naviger par le quartier de réduction*, de Blondel Saint-Aubin, imprimé en 1671, est la plus ancienne des impressions havraises, attendu qu'elle aurait été exécutée la deuxième ou la troisième année de l'installation de Jacques Gruchet au Havre, selon que l'on adopte l'opinion de M. Frère (1670) ou celle de M. Vesque (1669).

Jacques Gruchet, à l'exemple des grands imprimeurs de l'époque, semble avoir adopté une marque, mais nous n'osons vraiment pas donner ce nom à l'emblème lourd et grossier qui se trouve dans l'intérieur de ses livres au bas d'un chapitre. Elle représente un navire en pleine mer ; dessinée d'une façon inhabile, elle n'est pas moins grossièrement gravée sur bois. On la trouve encore à la page 95 et dernière des *Principes de la Navigation*, de Blondel Saint-Aubin, imprimés en 1675.

On a attribué à Jacques Gruchet l'impression d'un libelle paru en 1675, et dirigé contre M. de Clieu, curé du Havre (église Notre-Dame), intitulé *Factum par Maistre François Le Véziel et Jean Lambert, anciens choristes de cette ville.* Cette brochure, qui ne porte pas de nom d'imprimeur, n'a pu, dit-on, être publiée que par Gruchet, puisqu'il était le seul, à cette époque, qui possédât des presses au Havre. C'est une conclusion contraire qu'il convient, à notre avis, de tirer de ce fait ; la publication d'un ouvrage de cette nature, sans autorisation préalable d'une part, sans nom d'imprimeur de l'autre, et vu la rigueur des règlements régissant à cette époque la profession d'imprimeur, constituaient une double et grave contravention. Rien que l'épître si flatteuse qu'il adressait la même année au duc de Saint-Aignan suffirait à rendre vraie cette conclusion. Donc, il est plus juste de présumer que ce libelle vint tout imprimé du dehors.

¡ Fig. 1. — Reçu de Jacques Gruchet.

Comme tant d'autres, J. Gruchet avait pensé que l'on pouvait impunément s'improviser imprimeur. De marchand mercier, peut-être très entendu dans cette branche d'affaires, il s'est transformé du jour au lendemain en émule des Estienne, des Alde Manuel, des Elzevier, et même des Louis Maurry; il ne faut pas, dès lors, être surpris s'il s'est montré au-dessous de la tâche qu'il avait temporairement assumée de pionnier de l'imprimerie au Havre. Nous avons déjà vu quels ennuis lui susci-

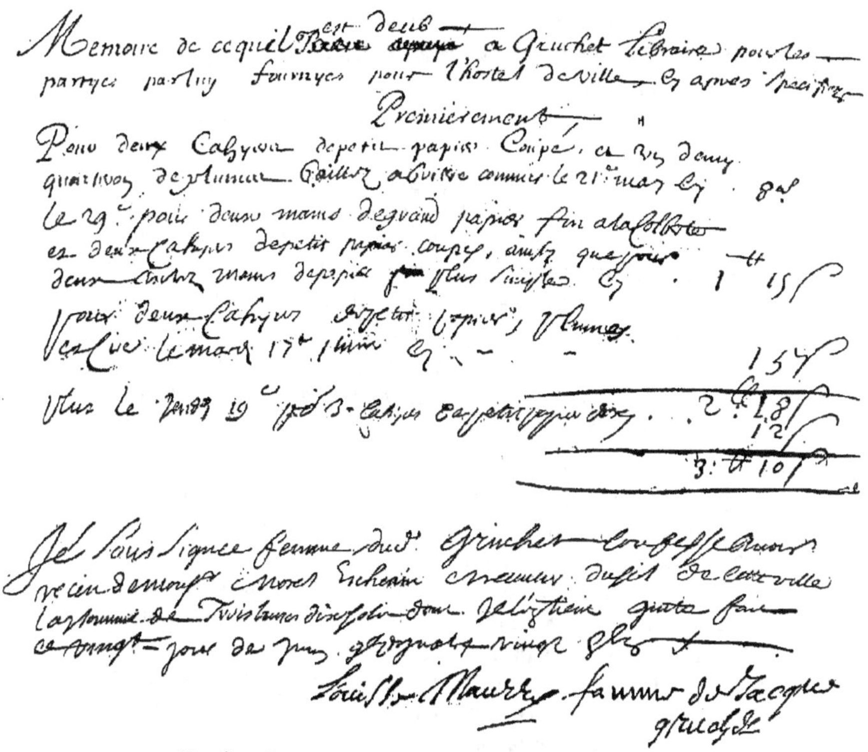

Fig. 2. — Reçu de Louise Maurry, femme de Jacques Gruchet.

tèrent cette ignorance d'un art aussi fermé que l'était alors l'imprimerie. Peu s'est fallu qu'il ne pût s'établir et, sans l'appui des échevins et du lieutenant du Havre, il est à penser qu'il n'eût jamais pu s'y fixer.

Illettré, à en juger par sa signature qui exigeait de lui pour la formation de chacune des lettres dont elle est composée, de pénibles et évidents efforts, Gruchet était dans de mauvaises conditions pour acquérir à la longue les connaissances professionnelles qu'un apprentissage régulier ne lui avait pas inculquées.

Aussi, les ouvrages sortis de ses presses sont-ils tous, sans exception, d'une grande médiocrité. Malgré les efforts déployés dans l'impression des *Parallèles*, on peut, en raison même de ces efforts que nul sentiment artistique ne dirigeait, dire que cette collection est sans valeur typographique.

Dans son volume *Les Antiqvitez de Harfleur*, nous avons relevé une faute inexcusable, un manquement à une des règles élémentaires de la profession qui suffit pour le disqualifier, en tant qu'imprimeur sérieux : un folio a été sauté, la page 113 n'existe pas et l'on saute de la page 112 à la page 114 qui lui fait bien suite, attendu qu'il n'y a pas de lacune dans le texte. Il en résulte qu'à partir de cette page 114 jusqu'à la fin du volume (page 216), contrairement aux usages fondamentaux de la mise en pages concernant ce genre de pagination, les folios pairs se trouvent à la droite du lecteur et les folios impairs à sa gauche.

Une réimpression de cet ouvrage existe à la Bibliothèque municipale, mais de 78 pages seulement, dont le titre manque. On a ajouté à la main sur cette réimpression : An vii de la République Française, réimprimé au Havre en 1799.

Une dernière réimpression de ce remarquable ouvrage a été faite en 1888, à Rouen, par la Société Rouennaise des Bibliophiles. Elle est la reproduction fidèle de l'édition originale de J. Gruchet. Dans l'introduction de M. Emile Lesens accompagnant cette réimpression, à propos de l'erreur de foliotage dont nous venons de parler et qui s'y trouve reproduite, il est dit en note : « (1) Le volume renferme en réalité 215 pages, dont 160 pour l'histoire d'Harfleur, *la page 113 se trouvant supprimée dans l'édition originale.* »

Nous tenions à relever cette allégation qui est erronée. La page 113 n'a pas été supprimée, son folio a été sauté tout simplement et elle est devenue la page 114 sans que rien du texte ait été oublié ou supprimé. Nous l'avons dit plus haut, il n'y a pas d'interruption dans ce texte.

Au risque de sembler vouloir prendre un malin plaisir à relever les erreurs commises par cet imprimeur, citons pour terminer que dans les *Principes de la Navigation*, du même auteur, les pages 34 et 48, composées de tableaux, ont dû être refaites et collées par-dessus celles imprimées primitivement. Cette réfection a été nécessitée par une erreur grave dans la composition. Cette erreur ne permettait plus l'alignement des chiffres dans les diverses colonnes de chaque tableau.

Jacques Gruchet semble n'avoir apporté au Havre qu'un matériel qui avait déjà dû fournir un certain service chez L. Maurry, son beau-père. Les caractères employés pour l'impression des *Principes de la Navigation*, de 1675, sont arrivés à un degré d'usure qui ne permettait guère d'obtenir un travail soigné.

Jacques Gruchet avait 30 ans lorsqu'il vint au Havre. Il mourut le 17 février 1687, à l'âge de 48 ans, et son inhumation eut lieu dans l'église Notre-Dame. De son mariage avec Louise Maurry, il avait eu quatre enfants dont deux garçons.

M. A. Martin, dans ses *Glanes Havraises*, dit n'avoir pu retrouver l'endroit précis où était installée cette première imprimerie; il suppose que c'était dans la rue Notre-Dame (rue de Paris actuelle), car en 1737, la veuve de Guillaume Gruchet vendit une maison située dans cette rue.

L'érudit historiographe havrais relate dans ce même ouvràge, que l'aîné des fils de Jacques Gruchet, Marin Gruchet, né au Havre le 16 juin 1679, alla habiter Fécamp et qu'il fut maire de cette ville pendant de longues années.

Comme nous le verrons plus loin, son deuxième fils, né le 23 janvier 1681, devait plus tard, en 1702, reprendre le fonds de son père qui avait été réuni à celui de Jacques Hubault.

Des presses de Jacques Gruchet sont sortis :

1671 Blondel Saint-Aubin. — *Le Véritable art de Naviger.* — Bibl. de l'Arsenal.
1673 Blondel Saint-Aubin. — *Le Trésor de la Navigation.* — B. M.
  » De Beauplan — *L'Usage de la Sphère plate universelle.* —Ed. Frère.
1675 Blondel Saint-Aubin. — *Les principes de la Navigation.* — B. M.
  » *Factum pour Maistre François Le Véziel.* — Coll. Leleu.
1676 De la Motte. — *Antiquitez de la ville de Harfleur.* — B. M. et coll. Seguin.
1680 Blondel Saint-Aubin. — *Trigonométrie géométrique.* — Lech.
1681 *Termes desqvels on vse sur mer dans le parler.* — Coll. Seguin.
1683 Dubocage de Bléville (Boissaye). — *Explication et usage du cercle.* — Coll. Leleu.
  » D'Assie. — *Le Pilote expert.* — Coll. Seguin.
  » Le Cordier. — *Traité des pratiques journalières des Pilotes.* — Coll. Seguin.
  » Le Cordier. — *Instruction des Pilotes.* — Coll. Seguin.
  » Le Cordier. — *Journal de Navigation.* — Coll. Seguin.

1684 Bougard. — *Le Petit Flambeau de la Mer.* — Vente Touss.
1686 Magnin. — *Le Paralelle de Louis Le Grand etc.* — Coll. Seguin.
  » De Sainte-Croix-Charpy. — *Traduction du parallelle de Louis Le Grand.* — Coll. Seguin.
  » De Vertron. — *Paralelle poétique de Louis Le Grand.* — Coll. Seguin.
  » *Recueil de sonnets en bouts-rimez à la gloire du Roy* — Coll. Seguin.
1687 *Lettre en vers à Mgr le Duc de Saint-Aignan.* — Lech.
  » R. P. Alexandre. — *La Ruine des Presches.* — Lech.

Veuve de Jacques Gruchet. — Les enfants de Jacques Gruchet étant trop jeunes au moment du décès de leur père pour lui succéder, sa veuve continua son commerce durant quelques années. Nous ne connaissons que deux ouvrages sortis de ses presses. Ce sont :

1687 De Clieu. — *Retraitte de 10 jours.* — Coll. Seguin.
1692 Le Cordier. — *Instruction des Pilotes.* — Vente Touss.

Jacques Hubault. — Dans les dernières années de la vie de Jacques Gruchet, de nouvelles imprimeries s'étaient fondées au Havre.

Nous voyons, d'après M. Martin, Jacques Hubault imprimer, en 1683, pour Nicolas Le Cordier, le *Journal de la Navigation*, que M. Lechevalier, dans sa *Bibliographie méthodique*, nous cite comme imprimé par J. Gruchet. Du même Le Cordier, il exécute les *Instructions des Pilotes*, également fait la même année par Jacques Gruchet.

Il y a là certainement une singularité qui n'échappera pas à tout observateur attentif ; il est étrange qu'un auteur confie à la même époque, à deux imprimeurs différents, établis dans la même ville, un ouvrage de quelque importance.

Si nous nous en rapportons à ces citations, Jacques Hubault se serait installé au Havre vers 1683.

Il devint, par suite de la mort de Jacques Gruchet, imprimeur du roi et de la ville.

A notre avis, ce ne serait que vers 1692 que l'atelier de Gruchet fut réuni au sien, c'est-à-dire après l'apparition du dernier ouvrage imprimé par la veuve de Jacques Gruchet.

Toutefois, nous avons acquis la preuve certaine qu'il se servit du matériel de la veuve de Jacques Gruchet et par conséquent qu'il lui succéda, car nous avons pu comparer deux éditions du *Pilote Expert*, de d'Assie, l'une exécutée par Jacques Gruchet, en 1683, et l'autre, par Hubault, neuf ans plus tard, en 1692. Dans cette dernière édition, se retrouvent les mêmes défauts que dans la première. Cette ressemblance est particulièrement frappante dans la sorte de marque qui se trouve au bas du chapitre premier, et, pour un praticien, dans les caractères, à telle enseigne qu'il est permis d'affirmer sans risquer de se trouver contredit que les mêmes formes de composition ont servi pour ces deux éditions portant deux noms d'éditeurs différents, excepté cependant le titre dont la disposition a été modifiée à la réimpression. Ajoutons à titre documentaire que l'édition de J. Gruchet (1683) était inconnue de Frère, qui ne mentionne que celle de J. Hubault à laquelle il donne la date approximative de 1694, ce qui, comme on l'a vu, est faux.

En 1699, Hubault publie une *Carte nouvelle de la Manche Britannique (sic)*, levée par le sieur Bougard. Cette carte, de grand format ($0^m63 \times 0^m94$), tirée en deux couleurs, est fort belle. Dans un très joli cartouche du style de l'époque, on lit une curieuse annonce dont nous donnons les passages les plus typiques : « A MM. les navigateurs,....... J'espère qu'elle sera (la carte) d'autant plus avantageuse qu'elle a esté examinée et approuvée des plus expérimentez dans la Marine, etc., etc... J'ose me promettre que vous reconnoistrez la vérité de ce que j'avance, si vous voulez bien vous en servir, et que vous loürez le zelle et la dépense que je fais pour mériter l'honneur de me dire, etc., etc., *Jacques Hubault*. »

Cette carte, de la collection Seguin, a dû fort probablement être imprimée à Paris, chez Ganière, qui l'a signée.

Des presses de Jacques Hubault sont sortis :

1683 Nicolas Le Cordier. — *Journal de la Navigation.* — Martin.
  »   Nicolas Le Cordier. — *Instruction des Pilotes.* — Vente Touss.
  »   Nicolas Le Cordier. — *Pières de la Mer.* — Martin.
684 P. Bougard. — *Le Petit Flambeau de la Mer* (1re éd.) — Lech.
1689 C. Brière. — *Traité des opérations de chirurgie.* — Coll. Seguin.
1690 *Ordonnance concernant la salubrité.* —. Lech.
1691 Bougard. — *Le Petit Flambeau de la Mer* (2e éd.) — B. M.
1692 D'Assie. — *Le Pilote Expert.* — Coll. Seguin.
1693 Blondel Saint-Aubin. — *Le Véritable art de naviguer* (1re éd.) — Lech.

1693 *Abrégé du Pilotage.* — B. M.
  » DE TOURVILLE. — *Exercice de toutes les manœuvres.* — B. M.
  » *Termes desquels on use sur mer dans le parler.* — Coll. Seguin.
1694 P. BOUGARD. — *Le Petit Flambeau de la Mer* (3ᵉ éd.) — Lech.
  » D'ASSIER. — *Le Nouveau-Monde.* — Martin.
  » BLONDEL SAINT-AUBIN. — *Les sinus communs et logarithmes.* — Lech.
1697 BLONDEL SAINT-AUBIN. — *Le Trésor de la Navigation.* — Vente Touss.
1702 HÉRUBEL. — *Nouveaux principes de Navigation.* — Lech.
s. d. *Edit et déclaration du Roy.* — *Hôpital de Saint-Jean-Baptiste.* — Arch. dép.

Veuve de Jacques Hubault. — Jacques Hubault mourut en 1702. Sa veuve tint peu de temps son fonds d'imprimerie qu'elle céda à Guillaume Gruchet. M. Martin dit qu'elle figurait, en 1706, parmi les veuves affranchies de Sainte-Adresse.

Des presses de la veuve de Jacques Hubault est sorti :

1703 LE CORDIER. — *Constructions des vaisseaux du Roy.* — Coll. Seguin.

Simon Terrier. — De même que Jacques Hubault, Simon Terrier ouvrit au Havre une imprimerie du vivant de Jacques Gruchet, à peu près à la même époque, vers 1683. Simon Terrier, qui était Havrais, épousa, le 19 mars 1689, Marguerite Lemaire (1).

Il a publié des ouvrages fort importants.

L'Apocalypsis novi orbis systhema (Système du nouvel univers de l'Apocalypse), par Jean-Baptiste de Clieu, est une œuvre en latin, en 8 volumes. Ces volumes ne portent aucune numération. Tous commencent par une épître à la Vierge. Ils présentent, au point de vue typographique, une remarquable unité. Bien que leur impression ait exigé sept années, les dispositions typographiques adoptées lors de l'exécution du 1ᵉʳ volume sont continuées dans les volumes suivants jusqu'au dernier. L'ornementation des initiales, les têtes de pages, les têtes de chapitre sont les mêmes dans tous. L'un des exemplaires de la Bibliothèque municipale du Havre provient du couvent des Capucins auquel il avait été offert « par M. du Clieu, nepueu de l'au

---

(1) Martin. — *Glanes historiques.*

theur». Pour donner une idée de l'importance de cet ouvrage, nous dirons que le tome Ier contient 474 pages ; le IIe, 697 ; le IIIe, 488 ; le IVe, 473 ; le Ve, 602 ; le VIe, 453 ; le VIIe, 730 et le VIIIe, 434.

C'est certainement le travail d'imprimerie le plus considérable qui fût jamais sorti des presses havraises jusqu'à cette époque.

Sont sortis des presses de Simon Terrier :

1685-1690 DE CLIEU. — *Traité du culte pur de la bienheureuse Vierge Marie.*
          — Frère.
1694-1711   »   — *Apocalypsis novi orbis systhema.* — B. M.
1704-1709   »   — *Canticum Canticorum.* — Vente Touss.

Suivant M. Martin, à la mort de Simon Terrier, survenue en 1742, **Jean Plainpel** et **J.-B. Morchoisne** prirent la suite de son imprimerie.

Les documents manquent sur ces imprimeurs.

Nous voyons bien un nommé Plainpel chargé, par la ville, de différentes missions de 1755 à 1769. Peut-être est-ce l'associé de Marchoisne ou un de ses parents.

Toutefois, l'abbé Lecomte nous apprend que Pierre (?) Plainpel, associé de Marchoisne, était beau-frère de Pierre Faure, dont nous parlerons plus loin. D'autre part, il dit que cette imprimerie aurait publié, en 1745, les statuts du Saint-Sacrement, règlement et ordonnances publiés par Pierre Faure en 1729 (?)

Ils n'ont publié qu'un ouvrage, à ce que l'on sache, du moins :

1745 *Requeste* présentée à Mgr l'archevesque de Rouen par les capitaines de navires du Havre-de-Grâce. — Lech.
    Et un Extrait de cette *Requeste.*

Cette maison dut être réunie à celle de Pierre Faure, vers 1750.

En 1703, **Guillaume Gruchet**, le second des fils de Jacques Gruchet, en âge de devenir maître imprimeur, prit la suite de la veuve de Jacques Hubault. Il se maria à Marie Tirelet Dumoulin, d'Honfleur, en 1691. Ils furent unis en l'Hôtel du Gouverneur de St-Aignan.

Il mourut en 1722, sans laisser d'enfants mâles pour lui succéder. Il avait trois filles.

Des presses de Guillaume Gruchet sont sortis :

1712 P. FRANÇOIS DE CAUDEBEC. — *Oraison Funèbre.* — B. Nation.
1713 BLONDEL ST-AUBIN. — *Le véritable art de naviger* (2ᵉ édit.). — Lech.
1716 BOUGARD. — *Le petit flambeau de la mer* (4ᵘ édit.). — Coll. Leleu.
1717 BLONDEL ST-AUBIN. — *Le véritable art de naviger.* — B. M.
1721 *Le maire-échevin et juges de la santé.* — B. M.

La veuve de Guillaume Gruchet dirigea son imprimerie pendant quelques années. Un document, conservé aux Archives Nationales à Paris, nous apprend qu'en 1723 elle demeurait rue de Paris « dans la septième maison après la rue du Cadran (1) dite maison Fontaine ».

Un *Catalogue des livres et cartes marines imprimés chez la veuve de Guillaume Gruchet,* etc., contient une liste de publications très étendue, si étendue même qu'on est amené à se demander si tous les ouvrages portés sur ce catalogue ont bien été imprimés chez la veuve Guillaume Gruchet et si elle n'en aurait pas plutôt été tout simplement dépositaire. Nous donnons ci-contre le fac-simile de ce catalogue dont nous possédons l'original.

Nous ne citerons donc ici comme ouvrages sortis des presses de cet imprimeur que ceux qui portent uniquement son nom :

1723 *Construction des vaisseaux du Roy.* — Coll. Seguin.
1728 DESCOLOMB. — *Table des Marées.* — Coll. Seguin.
1731 *Principes et exercices en général de toutes les manœuvres.* — Lech.
  » BOUGARD. — *Le petit flambeau de la mer* (5ᵉ édit.). — B. M.
1733 BOISSAYE DU BOCAGE fils. — *Explication et usage d'une partie du Cercle universel, etc.* — Coll. Seguin.
  » P. CYRILLE DE LA PASSION. — *Abrégé de la vie, du martyre du V. P. Prins.* — Lech.
1737 DE LABATUT. — *Traité du Canon.* — B. M.
  » LE CORDIER. — *Journal de Navigation.* — Lech.
1741 BLONDEL ST-AUBIN. — *Trigonométrie géométrique.* — B. M.

---

(1) Cette rue fut élargie ainsi que les rues de la Vierge et St-Honoré qui lui faisaient suite et forme aujourd'hui avec celles-ci la rue Frédéric-Sauvage.

CATALOGUE *des Livres & Cartes Marines imprimés chez la Veuve de* GUILLAUME GRUCHET, *Imprimeur & Marchand Libraire au Havre de Grace, & qui se trouvent dans sa Boutique.*

UNe Carte Réduite qui contient le Pas de Calais, la France, Portugal, Espagne, Côtes de Barbarie, les Isles des Canaries, le Cap Vert & les Isles, une partie de la Côte de Guinée & celles de Cayenne, les Isles de l'Amérique du vent & avant le vent, la Floride, la nouvelle Angleterre, Hollande, France, l'Isle & Banc de Terre Neuve, avec les Isles des Assores. *Du Sieur Du Bocage.*

Une Carte pour la Manche. *ibid.*
Une particuliere du Banc de Tere Neuve. *ibid.*
L'Echelle Proportiohnelle. *ibid.*
Le Cercle Universel avec son Usage in 8o *ibid.*
Un Quartier de Proportion. *ibid.*
La Baye de Brest faite par l'ordre du Roi. *ibid.*
L'Art de Naviger par le Quartier de Réduction, in 4o. *Du Sieur Blondel.*
Le Quartier de Réduction. *ibid.*
Le Tresor de la Navigation, in 4o. *ibid.*
Les Sinus communs & Logarithmes, in 12 *ibid.*
Le Pilote Expert en deux Parties, in 4o *Du Sieur d'Assier.*

Traité Geométrique de la Variation de la Boussole, dans lequel on donne les differens moyens de l'observer sur Mer & sur Terre, avec une Table des Amplitudes, aussi bien que du lever & coucher du Soleil pour servir entre l'Équateur & 60 deg. de Latitude, in 8o 1re Edition. *Du Sieur Le Cordier.*

Le Journal de la Navigation, ou la maniere d'apliquer toutes les Regles du Cercle ou Quartier de Proportion, avec leurs Usages solidement démontrés, in 8o *ibid.*

L'Instruction des Pilotes, divisé en deux Parties. La premiere contient les Principes de Navigation, avec un Examen des Pilotes donné en faveur de ceux qui veulent se rendre expert dans la Pratique de la Navigation, & se mettre au fait des Manœuvres d'un Vaisseau in 8o *ibid.*

La seconde contient les Tables de la Déclinaison & de l'Ascension droite du Soleil & des Étoiles, avec celles des Latitudes & Longitudes des Lieux, avec la maniere d'observer les Latitudes & connoître les Instrumens dont on se sert in 8o *ibid.*

Une Carte de la Manche contenant l'Angleterre, une partie d'Irlande, la Normandie, Bretagne, Poitou & Xaintonge, avec toutes les Sondes du dehors & dedans de tous ces lieux. *ibid.*

Une Carte de la Baye de Canada, du Banc de Terre Neuve, du Bancque-Banc à Vert, du Banc & de l'Isle de Sabie, des Isles   e &
Ports, Havres, Bâtures &   se fait la Pêche des l

Fig. 3. — Fac-simile d'un Catalogue imprimé chez la veuve de Guillaume Gruchet.

Vers 1729, la veuve de Guillaume Gruchet s'adjoignit la collaboration de **Pierre Faure**. Celui-ci, né à Brest en 1696, vint au Havre en 1712. Agé de 16 ans, il entra comme apprenti chez Guillaume Gruchet. Il épousa, le 6 novembre 1724, Marie-Louise Gruchet, fille de son patron ; plusieurs enfants naquirent de cette union ; le plus remarquable fut Pierre-Joseph-Denis-Guillaume Faure, dont il sera parlé plus loin.

M. Martin, dans ses *Glanes*, pense que la veuve de Guillaume Gruchet continua la profession d'imprimeur-libraire avec l'aide de Pierre Faure, son gendre ; qu'ils s'associèrent pour l'édition de plusieurs livres, mais qu'ils eurent deux établissements distincts ; c'est ainsi qu'en 1729 ils publièrent, sous le nom collectif de **Veuve Guillaume Gruchet et Pierre Faure**, une *Messe en latin et en français*, etc.

Nous ne pensons pas, comme notre éminent collègue, que deux établissements différents aient existé sous la raison sociale Veuve Guillaume Gruchet et Pierre Faure, nous inclinons à croire que la veuve de Guillaume Gruchet continua à jouir de privilèges acquis avant son association avec Faure et que, pour cette raison, son nom seul figure sur des ouvrages imprimés à des époques postérieures à celle de la fondation de cette société. En effet, voici ce qui pourrait donner raison à notre hypothèse : tous les livres imprimés et portant uniquement son nom ne sont que des réimpressions ou rééditions d'ouvrages déjà publiés, et du reste, nous voyons qu'elle obtint, sur sa demande, en 1737, c'est-à-dire après son association avec son gendre, la continuation du privilège de *faire imprimer ou réimprimer en bon papier et beaux caractères, pendant 9 années, le* Petit Flambeau de la Mer, *etc., etc.*

Donc, pour éditer de semblables ouvrages, il n'était pas besoin de deux librairies : une seule suffisait, attendu que le Catalogue auquel nous avons fait allusion a bien pu être imprimé intentionnellement au nom seul de la Veuve G. Gruchet qui ne voulait pas encore abandonner dans la nouvelle société une partie des privilèges que lui avait légués son mari et dont elle avait le droit de continuer à jouir sa vie durant.

Pierre Faure mourut au Havre le 14 février 1751, âgé de 55 ans.

La veuve de Guillaume Gruchet, sa belle-mère, continua d'exercer la profession d'imprimeur conjointement avec son petit-fils, P.-J.-D.-G. Faure. Elle mourut le 5 janvier 1762, à l'âge de 84 ans.

Si l'on consulte la liste des ouvrages imprimés par la librairie Veuve Guillaume Gruchet et P. Faure, que nous donnons plus loin, on y voit figurer, à la date de 1763, la 3ᵉ édition du *Véritable art de naviger*, de Blondel St-Aubin. Cet ouvrage se trouve dans la collection Seguin et M. Lechevalier le mentionne dans sa Bibliographie. On peut s'étonner à juste titre que le nom d'un imprimeur (Pierre Faure) décédé en 1751, figure encore sur un ouvrage publié en 1763, c'est-à-dire plus de douze ans après sa mort. La deuxième édition de cet ouvrage avait paru en 1713, chez Guillaume Gruchet. Il y a sans doute là une erreur de date qui serait le résultat d'une coquille.

Des presses de la Veuve Guillaume Gruchet et Pierre Faure sont sortis:

1729 *Ordre des saluts pendant l'année*. — Coll. Seguin.
1733 *Abrégé de la vie du V. P. Denis* — Lech.
1735 *Statuts et règlements des Dames de la Miséricorde*. — Bureau de Bienfaisance.
1740 Le Cordier. — *Traité géométrique de la variation de la Boussole*. — B. M.
1742 Bougard. — *Le petit flambeau de la mer* (6ᵉ édit.). — B. M.
1748 *Traité général des manœuvres des vaisseaux*. — Coll. Seguin.
   » Le Cordier. — *Instruction des Pilotes*. — B. M.
   » Le Cordier. — *Journal de la Navigation*. — Martin.
1752 Bougard. — *Le petit flambeau de la mer* (7ᵉ édit.). — Coll. Seguin.
1754 *Instruction des Pilotes*. — Martin.
1763 Blondel St-Aubin. — *Le véritable art de naviger*. — Coll. Seguin.

Pierre-Joseph-Denis-Guillaume Faure succède à son père, Pierre Faure.

Faure naquit au Havre le 17 août 1726.

Adolescent, il s'engagea comme marin. En 1749, âgé de 19 ans, il fait partie, comme officier, de la flotte de Nicolas de la Rochefoucauld, duc d'Anville, envoyée par Louis XV pour reprendre Louisbourg et le Cap-Breton (Nouvelle-Ecosse). Il donne sa démission en 1750 pour s'établir avec sa grand'mère dans le fonds de librairie.

Voici, du reste, la lettre d'un sieur Le Vasseur, répondant à la demande que les maires-échevins avaient faite en faveur de son établissement :

J'ai reçu l'honneur de la votre du 14 de ce mois, avec les pièces y jointes pour la réception de M. Faure, imprimeur. En conséquence, j'ai présenté ma requête et je vais poursuivre un premier arrêt préparatoire, mais ces sortes d'expéditions ne sont pas promptes, par les circuits qu'il faut essuyer, je n'y perdray pas un moment de temps.

J'ai l'honneur d'être, avec un profond respect,

Messieurs,

Votre très humble et très obéissant
serviteur,

Le Vasseur.

A Paris, ce 20 février 1731.

Cette réponse fut suivie d'une lettre de M. le duc de Saint-Aignan aux dits maires échevins, que nous aimons à ne pas croire apocryphe et que nous citons en entier, attendu qu'elle contient une allusion nous montrant que la veuve de Guillaume Gruchet continua, bien que son nom ne figurât pas sur les ouvrages publiés par la suite, à rester associée avec son petit-fils :

A Paris, ce 6 mars 1731.

Messieurs,

Rien ne me paraisse plus juste que votre demande en faveur du fils de M. Faure que vous me marquez être en état de remplir la place de son père, imprimeur-libraire de votre ville, conjointement avec la veuve du sieur Gruchet, dont la famille a toujours mérité d'être protégée. Je l'appuirai bien volontiers de ma part auprès de Monsieur le Chancelier.

On ne peut être plus sincérement que je le suis,

Messieurs,

Votre très affectionné serviteur,
Le duc de Saint-Aignan.

Ces deux lettres se trouvent dans les Archives municipales du Havre.

P.-J.-D.-G. Faure avait, au moment où il prit l'imprimerie, deux tantes, l'une, Angèle Gruchet, l'autre, mariée à J.-B. Besongue fils, libraire à Rouen ; le 10 janvier 1758, ils lui rétrocédèrent le privilège d'imprimer divers ouvrages d'hydrographie et notamment ceux de Le Cordier (le privilège d'imprimer ces derniers ouvrages avait été accordé en 1747, à Nicolas Besongue père, libraire à Rouen, qui l'avait lui-même cédé à la veuve de Guillaume Gruchet) (1).

Par la suite, il se trouva ainsi posséder tous les privilèges dont jouissaient ses parents.

En 1763, un sieur Dufresne, libraire à Paris, désireux de s'établir au Havre, adressa une demande en ce sens aux maires-échevins de cette ville. Nous voyons ceux-ci répondre par l'organe d'un des leurs, le sieur Ameline, qu'on peut « l'admettre » en qualité d'habitant, mais que pour l'ouverture d'une bou- » tique de libraire, cette partie regarde le juge royal. « Pour » me mettre au fait des formalités requises, continue Ameline » dans sa réponse, j'ai cru devoir consulter le sieur Faure, im- » primeur-libraire en cette ville, qui m'a dit qu'il faut que le » sieur Dufresne obtienne deux arrêts, etc., etc. ».

Cette façon de procéder est plutôt singulière : aller demander à un commerçant ce qu'il pense de l'établissement d'un concurrent dans sa ville. Ce naïf émissaire devait bien s'attendre à des récriminations. Aussi, en plus de celles qu'il lui fit sur le champ, Faure écrivit-il la lettre que nous lirons plus loin et qui n'est remplie que de doléances en outre de l'allusion qu'il y fait à la protection du duc de Saint-Aignan qui, comme on l'a vu précédemment, a toujours été le puissant protecteur de cette famille d'imprimeurs-libraires.

La candeur qui se reflète dans certains écrits de cette époque est si curieuse, si naïve, qu'elle nous amène à citer le passage suivant d'une lettre d'un sieur Suart, datée de Paris, 23 septembre 1763 :

Du reste, Monsieur, ce que je demande à S. E. est autant en faveur du sieur Dufresne que du sieur Faure puisqu'il est certain que quand ce dernier ferait exclusivement la seule profession de libraire, il lui serait de toute impossibilité de subsister, le débit ne consistant qu'en livres pour la marine et en livres d'église.

Ajoutons qu'il est dit dans cette lettre que le sieur Dufresne est protégé par le duc de Saint-Aignan et par M. de Beauvoir.

---

(1) Martin. *Glanes Havraises.*

P.-J.-D.-G. Faure ne pouvait s'en tenir aux observations qu'il avait présentées verbalement au sieur Ameline.

Doué d'une grande force de volonté, qu'il tenait de sa carrière maritime, il ne pouvait voir venir le péril sans immédiatement lui faire face. Aussi, cinq jours après, le 29 du même mois, écrivait-il au ministre la lettre de protestation suivante, conçue, comme on le verra, en termes modérés et très dignes (cette lettre se trouve également aux Archives municipales) :

Monsieur,

Le sieur Ameline m'a communiqué une lettre que vous lui avez écrite pour recommander à MM. les maires-échevins le sieur Dufresne qui désire s'établir libraire au Havre. Il est incontestable que s'il est reçu ou s'il se fait recevoir suivant la forme usitée, on ne peut sans injustice lui refuser l'entrée de cette Ville, lui faisant l'honneur surtout de le présenter sous les auspices des personnes illustres et respectables que vous nommez. Ma famille a été de tous temps protégée par la maison de M. le duc, et mon aïeule a été mariée dans l'hôtel en 1691 par feue Mme la duchesse à qui elle avait l'avantage d'appartenir. Permettez-moi, Monsieur, de vous représenter combien il doit m'être douloureux, aujourd'hui, de me voir donner un concurrent dans un état très borné par une personne attachée à une maison illustre qui m'avait toujours servi d'appui. S'il me faut essuyer cette concurrence. qui sera certainement ruineuse à tous deux dans un pays où il n'y a ni bibliothèque, ni gens de lettres, je me serais cependant consolé si ce libraire avait obtenu son établissement ici par une autre voie, je ne crois point d'ailleurs qu'il puisse s'y soutenir ; je n'ai jamais tiré de Paris, année commune, plus de six cents livres de livres et à peu près autant de Rouen ; le crédit ne m'a point manqué dans ces deux villes. Votre protégé peut s'informer de moi chez M. Durand où je fais mes emplettes. La vente seule m'a toujours manqué et non le moyen de m'assortir.

Ma famille jouit depuis cent ans de l'état d'imprimeur-libraire ici, sans concurrent. Sans l'imprimerie, elle n'aurait pu y vivre, et n'a amassé depuis ce long intervalle qu'une petite bicoque que je possède. Je vous parle vrai, Monsieur, et si votre protégé vient ici, nonobstant ce que j'ai l'honneur de vous dire, j'aurai la satisfaction du moins de vous convaincre que je ne vous en ai point imposé, tout juge suspect que je doive vous paraître. J'écris à M. le duc pour me recommander de nouveau à sa puissante protection,

Daignez, Monsieur, m'accorder l'avantage de votre bienveillance et me fournir les occasions de m'en rendre digne.

J'ai l'honneur d'être avec un attachement respectueux,

Monsieur,

Votre très humble et très obéissant
serviteur,

FAURE.

Au Havre, le 29 Septembre 1763.

Tout porte à croire que la demande du sieur Dufresne fut repoussée et qu'ainsi, jusqu'en 1790, année de la suppression des lettres de maîtrise et des brevets, sa maison resta la seule de son genre au Havre.

Les documents sur les imprimeurs havrais sont si rares que nous croyons bon d'intercaler ici les curieux détails suivants qui montrent que, même à cette époque, le travail des imprimeries était déjà si abondant qu'il ne laissait guère de loisirs à ceux qui s'y trouvaient employés :

« En 1794, les ouvriers de l'imprimerie de Faure ainsi que ceux de Patry et de Payen demandèrent à être exemptés de la garde nationale. » VESQUE.

D'après Ch. Vesque, en 1766, l'atelier de Faure était situé dans la cour du n° 4 de la rue de la Gaffe, qu'il quitta plus tard pour le n° 3, situé en face.

Faure avait acheté ce dernier immeuble le 17 janvier 1793 et le revendit vers 1802 pour transporter ses ateliers dans la maison située en face, au n° 5.

Homme d'une haute intelligence et d'une activité extraordinaire, il a produit plusieurs ouvrages remarquables ; ce sont : *Les Reflexions d'un citoyen sur la marine* (1), paru en 1759, et le *Parallèle de la France et de l'Angleterre relativement à leur marine*. Ancien officier de marine, il était apte à traiter les ques-

---

(1) A l'origine ce livre avait été dédié à M. Berryer, mais plus tard l'épître dédicatoire fut déchirée à tous les volumes. Voici ce qu'en dit M. Dinaux dans une note écrite sur la garde d'un exemplaire : « Faure dédia son travail à M. Berryer et l'épître dédicatoire fut déchirée à tous les exemplaires et n'est restée attachée qu'à un seul que M. de la Tour, imprimeur du *Tacite*, de Broller, avait eu occasion de voir. » M. Seguin possède un exemplaire de cet ouvrage avec dédicace, tout porte à croire que c'est celui cité par M. Dinaux.

lions maritimes et il se montra dans ces ouvrages d'une grande compétence. Il reçut pour leur publication, d'abord du duc de Choiseul, ensuite du duc de Castries, successivement ministres de la marine, des félicitations chaleureuses.

Il a, en outre, fourni à l'*Encyclopédie*, sur la Marine, un article judicieusement conçu.

P.-J.-D.-G. Faure avait adopté une marque dont il modifia le dessin par la suite.

Fig. 4 et 5. — Marques de P.-J.-D.-G. Faure.

Dans sa librairie, il vendait des instruments de marine avec la méthode pour s'en servir, qu'il imprimait chez lui. Sur une de ces méthodes relative à un nouveau compas de variation (1), nous relevons la phrase suivante que nous citons ici pour montrer comment on comprenait la réclame à cette époque, avec quelle franchise dépourvue de toute modestie on préconisait ses produits et vantait ceux qui les fabriquaient.

Voici cette phrase typique :

« (Le compas) « s'exécute par le sieur Deshayes, artiste *très intelligent et le seul au Havre en état d'entreprendre des ouvrages de cette espèce.* »

Comme nous le verrons plus loin, la liste des ouvrages qu'a imprimés Faure est très longue et les travaux les plus divers y figurent. Son activité se montra dans toutes les branches de son art. C'est lui qui fonda le premier journal havrais et conçut le premier annuaire du Havre.

---

(1) DEGAULLE. *Construction et usage d'un nouveau compas de variation à réflexion.* Publié sous l'approbation de l'Académie royale des Sciences. In-12 de 13 p., s. d. (1777). — B. M. 2249.

Le numéro 1 de ce journal parut le 3 janvier 1770, feuille in-8°, ayant pour titre : *Havre-de-Grâce. Commerce Maritime*, hebdomadaire, paraissant le mercredi. Il contenait la description des chargements des navires *Le Coureur*, *L'Amitié* et *Le Miromesnil* ; mentionnait les navires entrés et sortis et donnait quelques renseignements purement maritimes. C'est le précurseur du *Journal du Havre*. Parfois il s'adjoignait un supplément de un ou deux pages, selon l'abondance des matières, et continua ainsi jusqu'en 1824.

A cette époque, il n'était qu'essentiellement organe d'annonces, comme un de ses titres l'indique : *Feuille d'annonces judiciaires, commerciales et maritimes de la ville du Havre*. Alors, il était déjà quotidien.

Lors de la chute de Napoléon 1er, il donna, dans des numéros successifs du mois d'avril 1814, la proclamation de Louis XVIII, l'offre faite par l'empereur de Russie, représentant les Alliés, à Bonaparte de choisir sa résidence, et l'abdication de ce dernier. L'insertion de ces documents importants, qu'approuvèrent, du reste, les fonctionnaires et le commerce du Havre, eût passé inaperçue ou tout du moins n'eût pas attiré au journal de désagréments s'il n'avait eu la fâcheuse idée, dans un des numéros de ce même mois d'avril, d'insérer un entrefilet relatif au départ d'une péniche commandée par M. Cocherel, envoyée à la rencontre du duc de Berry revenant d'Angleterre et, croyait-on, devant débarquer au Havre. Cette insertion déplut sans doute, car elle valut à Stanislas Faure, du sous-préfet du Havre, sur le rapport de l'inspecteur de l'imprimerie et de la librairie, un impérieux rappel à l'ordre contenu dans une lettre qu'il dut publier dans le n° 737 du 15 avril 1814, page 4 de son journal.

Les détails que nous donnons sur cet incident sont autant pour montrer avec quelle rigueur on traitait la presse d'alors, que pour servir à l'intelligence du chapitre relatif à Le Picquier, autre imprimeur havrais, contemporain de Faure, où cet incident est l'objet de fréquentes allusions.

Une autorisation royale donnée à P.-J.-D.-G. Faure en 1752 lui permit, l'année suivante, de faire paraître un *Almanach de la Marine pour le Havre-de-Grâce*, le premier publié dans cette ville. D'après les exemplaires que nous avons vus,

c'était un volume d'un format presque microscopique, contenant la liste des fonctionnaires, des négociants et des bâtiments du port. Comparé à ceux qui paraissent de nos jours,
l'épithète de microscopique ne semble pas exagérée.

De 1793 à 1798, les ateliers de P.-J.-D.-G. Faure furent trans-
férés à Montivilliers. Cette imprimerie prit le nom d'*Imprimerie
du district*. Elle était située rue Pont-Caillouard, nº 20, à
Brutus-Villiers, nom donné par les révolutionnaires à la ville
de Montivilliers. On voit, par un placard daté du 7 avril 1798,
que cette ville avait repris son ancien nom et l'imprimerie
celui d'*Imprimerie des Administrations municipales*.

Nous ne saurions clore ce chapitre sans parler de la vie publique de ce célèbre imprimeur havrais.

Les auteurs de la petite *Biographie conventionnelle* ont dit
de lui à propos du procès de Louis XVI : « *Aucun membre de la
Convention n'a osé, à la tribune, dire des vérités aussi foudroyantes
avec autant de force et de sang-froid.* » Faure était, en effet,
membre de la Convention : il avait été nommé, le 5 septembre 1792, député de la Seine-Inférieure, il avait alors 70 ans.
Son élection eut lieu à Caudebec; il était, à cette époque, juge
au tribunal du district de Montivilliers. Le 20 septembre de la
même année, la présidence d'âge lui échut lors de la première
séance de la Convention qui eut lieu dans la salle des Cent
Suisses, au Palais des Tuileries (1).

Lors du procès de Louis XVI, sur la question : Le roi peut-il
être jugé ? il prit la parole et dans un long discours il exposa
son opinion malgré les cris de l'Assemblée. Ce discours a été
imprimé par ordre de la Convention sous le titre de : *Opinion
de P.-J.-D.-G. Faure, député de la Seine-Inférieure, sur le jugement
du Roi.*

Nous ne pouvons faire mieux que de reproduire le portrait
qu'a fait de notre concitoyen l'abbé Julien Loth, dans son remarquable ouvrage sur *Les Conventionnels de la Seine-Inférieure.*

Faure mérite les honneurs de l'histoire. Il offre, dans une vie de
près d'un siècle, le type parfait de l'homme de bien ; et nous aimons à
le saluer comme une des plus nobles figures que l'on puisse rencontrer

---

(1) Abbé Julien Loth. — *Les Conventionnels de la Seine-Inférieure*, Rouen,
Cagniard, 1883, p. 112.

dans cette multitude qui défile sous nos yeux depuis le commencement de cette étude sur l'histoire de la Révolution Française. On n'a pas rendu à ce digne enfant de la Normandie la justice et l'admiration auxquelles il a droit ; le Havre, sa ville natale, l'a oublié ; c'est à peine si les érudits de notre pays lui ont consacré quelques lignes banales.

Nous pourrions peut-être nous laisser aller à suivre le savant historien et, après lui, charger à fond sur l'ingratitude de notre cité envers un de ses plus nobles enfants. Nous aimons mieux payer à ce savant et distingué confrère notre modeste tribut d'admiration.

En 1756, Faure s'était mis à étudier le droit, et il se fit recevoir avocat au Parlement.

En 1784, il fut nommé maire-échevin du Havre. Nous avons vu que plus tard il devint député à la Convention (1792). Proscrit sous la Terreur avec huit autres députés de la Seine-Inférieure, il put, en se cachant, éviter la prison, et peut-être l'échafaud.

En 1814, Louis XVIII lui conféra des titres de noblesse (1).

Il mourut, entouré de l'estime de ses concitoyens, le 7 octobre 1818, à l'âge de 92 ans, après une vie toute de labeur et d'honnêteté.

Des presses de P.-J.-D.-G. Faure sont sortis, de 1753 à 1818 :

s. d. Placard : *De par M. le comte de Virieu-Beauvoir.* — Arch. M.

» Delonchamps. — *Explication et usage du quartier sphérique.* — B. M.

1753 M*** Dubocage de Bléville. — *Mémoires sur le port du Havre.* — Coll. Seguin.

1754 *Construction des vaisseaux du Roy.* — Vente Touss.

1756 *Tarif sur le toisé du bordage.* — B. M.

» M. de Glos, de Honfleur. — *Le Manuel des Pilotes* (4ᵉ édit.). — Coll. Seguin.

1757 De Labatut. — *Traité du canon.* — Coll. Seguin.

1759 P.-J.-D.-G. Faure. — *Réflexions d'un citoyen sur la marine.* — Coll. Seguin.

1760 Blondel St-Aubin. — *Trigonométrie géométrique, astronomique.* — Coll. Seguin.

1761 *Arrêt du Conseil d'Etat du Roi* (placard). — Arch. M.

1763 Bougard. — *Le petit flambeau de la mer.* — Coll. Seguin.

» *Ordonnance municipale concernant les brouettiers.* — B. M.

1766 *Statuts et lettres patentes des maîtres maréchaux, taillandiers, etc.* — Coll. Seguin.

» *Sentence du Bailliage.* — Frère.

1767 *Règlement de police.* — Arch. M.

» De Labatut. — *Table des Marées.* — Coll. Seguin.

[1767] Le Prevost (S.) — *Remarques sur l'horlogerie.* — Coll. Seguin.

____

(1) *Moniteur Universel,* 6 janv. 1815.

1768 DE GAULLE. — *Usage du nouveau Calendrier perpétuel, etc.* — Coll. Seguin.
1770 *Traité des manœuvres des vaisseaux.* — B. M.
 » BLONDEL ST-AUBIN. — *Trigonométrie géométrique.* — Coll. Seguin.
 » BOUGARD. — *Le petit flambeau de la mer.* — B. M.
 » *Traité général des manœuvres des vaisseaux.* — Vente Touss.
1770 *Histoire de la scie qu'on porte tous les ans, à Harfleur, le mardi-gras.* —
   Coll. Seguin.
1772 BLONDEL ST-AUBIN. — *Trigonométrie géométrique.* — Vente Touss.
1774 *Arrest du Conseil d'Estat du Roy qui accorde au Maire.* — Arch. M.
1775 *Arrest de la Cour du Parlement de Rouen.* — Arch. M.
 » *Lettre du Roi adressée aux maire-échevins.* — Arch. M.
1776 *Sentence de police concernant les calfats.* — Arch. M.
 » DE GAULLE. — *Construction et usage d'un nouveau compas de variation à
   réflexion.* — B. M.
1779 DE GAULLE. — *Construction et usage d'un nouveau compas azimutal.* — B. M.
 » P.-J.-D.-G. FAURE. — *Paralelle de la France et de l'Angleterre.* — B. M.
1780 DE LABATUT. — *Table des marées.* — B. M.
[1780] *Sentence de Police du Bailliage qui défend aux épiciers ciriers.* — Arch. M.
1780 *Arrest du Conseil d'Etat qui ordonne... que les droits de l'ancien Octroi...
   Du 28 mars 1780.* — Arch. M.
1781 *Sentence de l'Hôtel-de-Ville du Havre concernant les cordonniers.* — Lech.
 » THIBAULT. — *Décoration de l'Hôtel-de-Ville du Havre.* — B. M.
1783 *Ordonnance de voirie concernant le balayage.* — Arch. M.
 » *Arrest de la Cour homologuant une sentence.* — Arch. M.
 » LE CORDIER. — *Instruction des Pilotes.* — B. M.
 » BLONDEL ST-AUBIN. — *Le véritable art de naviguer.* — Vente Touss.
 » *Arrest du Conseil d'Etat... Expédition en Chine.* — B. M.
1784 *Sentence de police... Cordonniers en neuf.* — Arch. M.
 »   »   » *Brouettiers.* — Arch. M.
1785 »   »   » — Coll. Seguin.
 »   »   » *Domestiques.* — Arch. M.
1786 *Ordonnance de police.... Séjour du roi au Havre.* — Arch. M.
 » *Propre des fêtes célébrées dans l'abbaye de Montivilliers.* — Coll. Seguin.
 » TRUPEL. — *Lettre à M... sur le passage de sa Majesté Louis XVI d'Honfleur
   au Havre, etc.* — Coll. Seguin.
1787 *Arrêt du Conseil d'Etat concernant les constructions des murs des maisons
   du Havre.* — Coll. Seguin.
1788 *La Communauté de la Ville Françoise et Havre-de-Grâce.* — B. M.
1789 BOUGARD. — *Le petit flambeau de la mer.* — B. M.
 » DE LAMBLARDIE. — *Mémoire sur les Côtes de la Haute-Normandie.* — B. M.
 » *Listes des Contribuables patriotes de la ville du Havre.* — Coll. Seguin.
 » *Ordonnance du Lieutenant général du Bailliage... Etats-Généraux.*
   — B. M.
 » *Décret pour le rétablissement de la tranquillité publique.* — Arch. M.
[1790] LE PICQUIER. — *Lettre de M... à M. Brissot, contre l'émancipation des noirs.*
   — Coll. Seguin.
1790 *Adresse du Commerce du Havre à l'Assemblée Nationale.* — Lech.
 » *Ordonnance de police... Boucherie de Carême* — Arch. M.
 » *Liste des Contribuables patriotes qui ont fait leur déclaration.* — B. M.
 » *Extrait des Registres du Conseil Municipal.* — Arch. M.
 » *Procès-Verbal de la Fédération de la Garde Nationale, etc.* — Coll. Seguin.
 » (1) *Adresse du Conseil général de la Commune.* — Arch. M.

---

(1) A partir de cet imprimé (1790), tous les suivants portent imprimerie Faure, ou

1790 *Jugement du Tribunal de police de la Municipalité.* — Arch. M.
» *Assemblée des bataillons de la Garde Nationale.* — Arch. M.
» *Délibération du Conseil municipal sur les divisions du territoire.* — Arch. M.
» *Délibération du Conseil Général provisoire.* — Arch. M.
[1791] *Proclamation du Conseil Municipal du Havre.* — Arch. M.
» Abbé TRUPEL. — *Eloge funèbre de Mirabeau,* cité par Dumont. — Lech.
» *Arrêté du Conseil municipal. Patentes.* — Lech.
» *Extrait des Registres des délibérations du Conseil Municipal.* — B. M.
» » » » *Organisation de la Garde Nationale.* — Arch. M.
» *Extrait des Registres des délibérations du Conseil Municipal, 5 sept. 1791.* — B. M.
» *Discours du Procureur de la Commune, 6 févr. 1791.* — B. M.
» *Lettre adressée par le Conseil Général à la Garde Nationale.* — Arch. M.
1792 *Arrêté du Conseil Général du District.* — Arch. M.
» P.-J.-D.-G. FAURE. — *Opinion sur le procès du Roi.* — B. M.
1793 *Avis du Conseil Général aux Laboureurs.* — Arch. M.
» *Le Conseil Général permanent de la commune du Havre.* — Coll. Seguin.
An II *Avis au Public.* — Arch. M.
» *Le Comité de la Marine et des Colonies. Instruction* — Arch. M.
» *Délibération du Conseil Général, 25 pluviôse.* — Arch. M.
» » » *concernant le bataillon de l'Espérance.* — Coll. Seguin.
» » » » *la discipline.* — Lech.
» *Police pour les revendeurs.* — Arch. M.
» *Arrêté du Conseil Général du district... Salpêtre.* — Arch. M.
» » » *Extraction du salpêtre.* — Arch. M.
» * *L'Histoire du Droit français.* — B. M.
» * *Arrêté du Conseil Général. Remise des piques.* — Lech.
» * *Le spectacle de la France en 1789.* — B. M.
» * *Rapport de la commission... concernant le nommé Raisin.* — B. M.
» * LAIGNEL (G.). — *La Confédération générale de l'Europe.* — B. M.
» * *Lettre de Frécine, représentant du Peuple.* — Coll. Seguin.
» * LAIGNEL (G.). — *Les Livres XX, XXI et XXII de l'Esprit des Lois.* — B. M.
» * *Circulaire de l'agent national.* — Arch. M.
» * *Commission d'Agriculture et des Arts.* — Arch. M.
» * *Instruction sur les moyens... Morve.* — Arch. M.
» * *Instruction sur les soins à donner aux Chevaux.* — Arch. M.
An III *Constitution de la République française.* — B. M.
» HOMBERG fils (E.). — *Avis au peuple.* — Lech.
An IV *Extrait de l'arrêté du Conseil de Santé.* — Arch. M.
» *Ordonnances du Maire du Havre.* — Arch. M.
An V MUSKEYN. — *Signaux généraux de jour.* — Coll. Seguin.
» TRIAL-LATOUR. — *Les parvenus d'aujourd'hui.* — Coll. Seguin.

---

imp. S. Faure, ou imp. Stanislas Faure, second prénom du fils de P.-J.-D.-G. Faure, qui s'appelait Guillaume-Stanislas Faure.

Il y a tout lieu de croire qu'à cette époque, celui-ci dut prendre la direction de l'imprimerie de son père, auquel il ne succéda qu'après sa mort.

(*) Les imprimés marqués ainsi ont été exécutés à Brutus-Villiers ou Montivilliers, à l'imprimerie du District appartenant à P.-J.-D.-G. Faure.

An VI *Arrêté de l'administration municipale.* — Arch. M.
  » *Ordre de la Municipalité... Matières combustibles.* — Arch. M.
  » *Instruction concernant le renouvellement.* — Arch. M.
  » *Ordre fixé par l'Etat-Major.* — Arch. M.
  » ˙*Discours prononcé par le Président de l'Ad. mun. du canton du Havre.* — Coll. Seguin.
An VII *Déclaration du général de brigade.* — Arch. M.
  » GAILLARD (Aug.). — *Table de réduction des anciennes mesures, etc.* — Coll. Seguin.
  » LA MOTTE [De]. — *Antiquitez de la ville d'Harfleur.* Réimpression.— B. M.
  » *Arrêté de l'Administration Municipale du Havre.* — Arch. M.
  » *Arrêté de l'Administration Municipale du Havre. Garde Nationale.* — Arch. M.
  » SAMSON. — *Ode au peuple français, etc.* — Lech.
An VIII *Tribunal de Commerce du Havre.* — Arch. M.
1801 *Installation du Tribunal de 1re instance.* -- Arch. M.
An XII *Sous-Préfecture du Havre.* — Lech.
1805 *Ordonnance du Maire.* — Arch. M.
An XIV *Arrêté de M. le Préfet.* — Arch. M.
[1806] GAILLARD (G.). — *Concordance des dates du calendrier grégorien, etc.* — Lech.
1806 *Décret impérial relatif aux maisons.* — Arch. M.
  » *Arrêts et Règlements. Constructions.* — Arch. M.
     »   » — Lech.
  » *Ordonnance de police.* — Arch. M.
1807 *Ordre relatif aux légions, cohortes, etc.* — Arch. M.
  » *Règlement fixant les droits à percevoir par les agents de change, etc.* — Coll. Seguin.
1812 *Subsistances. Prix du Pain.* — Arch. M.
1815 *Arrêt du commandant de la place.* — Arch. M.
  » *Appel aux habitants du Havre.* — Arch. M.
  » *Caisses d'Epargne et de Prévoyance.* — Arch. M.
1817 *Contributions indirectes.* — Coll. Seguin.
  » *Organisation de la Boulangerie au Havre.* — Coll. Seguin.
  » *Lettre de S. Augustin à un officier supérieur, etc.* — Coll. Seguin.

Guillaume-Stanislas Faure. — De son mariage avec Charlotte Plainpel, P.-J.-D.-G. Faure avait eu deux fils jumeaux, nés en 1765 : l'un, Louis-Joseph (mort en 1837) dit Faure de la Seine, fut successivement membre de la Convention, du Conseil des Cinq-Cents, puis du Tribunat après le 18 Brumaire, du Conseil d'Etat en 1807, et fut créé comte sous l'Empire ; il prit une part importante à la rédaction des Codes civil et pénal ; l'autre, fut sous-préfet du Havre du 27 germinal an VIII au 29 juillet 1811, membre du Corps législatif de 1810 à 1814, député en 1814 et 1815 ; il avait été président du Tribunal de Commerce du Havre en 1803. Il devint plus tard courtier d'assurances maritimes et enfin directeur de l'imprimerie du *Journal du Havre* à partir de la mort de son père, survenue le 7 octobre 1813 (1). Il n'exerça que peu de temps la profession d'imprimeur. Il mourut le 30 mai 1826, à l'âge de 61 ans.

Nous voyons, chez G.-S. Faure, paraître, du 20 juillet au 24 octobre 1822, *L'Abeille du Havre et de la Seine-Inférieure*, qui devint plus tard *Le Dimanche*, puis *La Revue du Havre illustrée*, de Morlent.

Des presses de Guillaume-Stanislas Faure sont sortis de 1818 à 1826 :

1820 Papillon (A.). — *Quelques réflexions relatives à l'Eglise actuelle de France.* — Lecomte.
1821 *Instructions touchant le service de santé* — Arch. M.
1822 Luscombe (E. et M.). — *Langue télégraphique universelle.* — Coll. Seguin.
  » *Origines de la Maison de la Miséricorde*, copie. — Arch. du Bureau de Bienfaisance.
  » G.-St. Faure. — *Nouveau flambeau de la Mer, Angleterre, Ecosse, Islande, France de Calais à St-Jean-de-Luz.* — Lech.
  » Delavoipière (A.). — *Faits relatifs à la pêche de la baleine.* — Lech.
  » Toustain-Richebourg. — *Véritable origine de la scie, etc.* — Coll. Seguin.
1824 G.-St. Faure. — *Nouveau flambeau de la Mer, Espagne, Portugal, etc.* — B. M.
  » *Octroi Municipal. Règlement.* — Arch. M.
  » *Principes et règles élémentaires de la tenue des livres.* — Lech.
  » Toustain Richebourg. — *Scie d'Harfleur.* — Coll. Seguin.
  » Pinel (Louis-Auguste). — *Essais archéologiques.* — B. M.
  » Le Villain (G.). — *Premiers essais d'un adolescent.* — Coll. Seguin.
  » Robion (A.). — *Traité des chemins communaux selon la loi du 28 juillet 1824.* — Coll. Seguin.
1825 Toustain Richebourg. — *Sur la Scie d'Harfleur.* — Coll. Seguin.
  » *Ville du Havre. Emprunt autorisé.* — Arch. M.
  » Chatelain. — *Grétry au Parnasse.* — Coll. Seguin.
  » Bénard (abbé). — *Notice nécr. sur M. l'abbé Paris.* — Coll. Seguin.
1826 Faure (Stanislas). — *Port du Havre. - Bulletin.* — B. M.

Stanislas Faure. — Le fils de Guillaume-Stanislas Faure, qui portait également le prénom de Stanislas, lui succéda. Il racheta, en 1828, la maison située rue de la Gaffe, n° 4, qui avait appartenu à son grand-père P.-J.-D.-G. Faure et y réinstalla ses ateliers. C'est là, qu'en 1830, se passa un très grave incident.

---

(1) Notes de M. A.-G. Lemale. — Dans sa *Bio-Bibliographie des Ecrivains de l'arrondissement du Havre*, M. Lechevalier (p. 74) dit qu'il succéda à son père en 1790. Nous avons préféré admettre la version de M. Lemale.

En dépit des Ordonnances de Juillet, le journal continua à paraître. Le commissaire de police, entouré de gendarmes, se présenta à l'imprimerie pour faire respecter les décrets. La foule prit fait et cause pour le journal et, renversant camions, voitures, brouettes, etc., fit une barricade. Tambour battant, une compagnie du 43° de ligne accourut et cerna la barricade. Fort heureusement aucune collision n'eut lieu, et l'autorité se retira après avoir recommandé le calme à la foule surexcitée. Et le journal continua de paraître.

L'entreprise ayant prospéré, Faure désirait se retirer des affaires. Des pourparlers s'engagèrent en mars 1839 entre lui et Alphonse Lemale pour l'achat, par ce dernier, de l'imprimerie du *Journal du Havre*. Ces pourparlers n'aboutirent pas. Repris sans plus de succès en mars 1842, ils ne furent définitivement rompus qu'en avril 1843. L'établissement réalisait alors annuellement 45,000 francs de bénéfices, et Faure refusait de le céder pour une somme inférieure à 300,000 francs. Quelques mois après, Faure vendait son établissement à une Société créée par un négociant du Havre, M. H. Brindeau (1).

Stanislas Faure mourut en 1880 à Chemey, près d'Auxerre.

En 1855, la municipalité du Havre donna le nom de Faure à une des rues de la ville, pour consacrer le souvenir d'une famille à laquelle la cité devait quatre générations d'imprimeurs et plusieurs hommes publics distingués.

Nous ne pouvons clore l'histoire de la dynastie des Faure sans parler de la première revue fondée au Havre et imprimée à son début chez Stanislas Faure. Un écrivain de talent, Charles Massas, résolut de fonder une revue sous le titre d'*Archives du Havre, recueil commercial et littéraire*. Massas avait obtenu le concours de rédacteurs amateurs qui n'étaient pas sans mérite : Victor Fleury, Dr A. Lecadre, Dr Maire, J.-B. Fort-Meu, Viau, Demondésir, l'abbé Cochet, A. Labutte, etc. — Vous reconnaîtrez, mes chers collègues, parmi les noms que je cite, ceux d'anciens membres de notre Société. — Ils trouvaient là une tribune, du haut de laquelle ils entretenaient leurs concitoyens des questions du jour, surtout des questions d'intérêt local, et, grâce à leur talent et à leur compétence, se faisaient une popularité de bon aloi. La revue paraissait le 5 de chaque mois ; elle se com-

---

(1) Notes de M. A.-G. Lemale.

posait de 4 feuilles grand in-8° et était parfois accompagnée de planches lithographiées et de morceaux de musique. Le libraire Chapelle, puis Jehenne, en furent successivement les éditeurs. Le premier numéro parut en mai 1837. Le public fit un accueil bienveillant à cette tentative. Aussi l'ambition des *Archives* grandit-elle ; elles augmentèrent du même coup et leur format et leur titre qui devint : *Archives du Havre et de la Normandie.* Stanislas Faure entourait des meilleurs soins la publication de la revue. Mais l'existence de celle-ci fut compromise en 1840 par la crise politique qui faillit mettre aux prises la France et l'Angleterre ; le numéro d'août-septembre avoue que la revue subit le contre-coup de la situation générale des affaires, que les préoccupations du public sont ailleurs. C'étaient des symptômes inquiétants. Les *Archives*, pour vivre, essayèrent d'une transformation ; un numéro daté du 1er novembre annonce qu'elles paraîtront désormais le mercredi et le dimanche. Exclusivement littéraires jusqu'alors, elles vont devenir en même temps politiques et, en conséquence, elles adopteront, à partir du 1er janvier 1841, le format des grands journaux politiques de l'époque. Pour opérer cette transformation, les *Archives* ont abandonné leur habile imprimeur Stanislas Faure et se sont adressées à F. Hue ; au point de vue typographique elles y ont grandement perdu !

La nouvelle direction, confiée à A. Labutte, n'a pas la patience d'attendre la date qu'elle avait elle-même assignée à la transformation des *Archives*, elle tient à faire grand sans plus tarder. Dès le 8 novembre 1840, un numéro parait tiré sur le papier des journaux politiques ; puis des numéros en grand format alternent avec des numéros tirés sur l'ancien format. On revient ensuite à un numéro mensuel, celui de décembre, sur l'ancien format ; de l'imprimerie de F. Hue, la revue est retournée chez celle de Faure ; les *Archives* sont rentrées au bercail, mais c'est pour y mourir.

Dans un article mélancolique, Massas prend congé des lecteurs de sa revue et explique les causes de la crise qu'elle vient de traverser. Il n'y avait pas chez Hue l'étoffe d'un directeur-gérant de journal politique. Après s'être engagé dans l'affaire sans en calculer les exigences, sans avoir groupé les moyens d'exécution nécessaires, ni rempli les formalités légales, Hue, rebuté par les difficultés insoupçonnées, renonçait précipitamment à ses projets. D'ailleurs, Massas allait quitter le Havre pour se fixer à Paris.

Ajoutons que le *Courrier du Havre*, dont nous parlerons plus loin, lancé par Léon Buquet (23 décembre 1839), quelques mois auparavant, se mettait précisément dans ses meubles ; la place que les *Archives* prétendaient prendre n'était plus vacante ; il ne leur restait qu'à disparaître !

Puisque nous parlons de journaux publiés chez Stanislas Faure, il est intéressant de mentionner les diverses transformations subies par un des plus vieux journaux de province, le *Journal du Havre* qui s'imprimait dans cette maison.

Successivement appelé : *Havre de Grâce, Commerce maritime*, in-8°, à partir du 3 janvier 1776, hebdomadaire.

Feuille maritime. Havre de Grâce du... en 1792, et *Feuille maritime du Havre-Marat* pendant 94 numéros, hebdomadaire.

En 1811, *Affiches, Annonces et Avis divers de la ville du Havre*, quotidien.

En 1815, *Feuille d'annonces judiciaires, commerciales et maritimes de la ville du Havre*, quotidien. Sous ce titre, en 1824, devint du format in-4°.

En mars 1828, *Journal du Havre*, annonces judiciaires, commerciales et maritimes, quotidien. Dénomination qu'il a conservée de nos jours après des agrandissements de format successifs.

Des presses de Stanislas Faure sont sortis, de 1826 à 1843 :

1826 *English (An) gentleman Voyage upon the Seine.* — B. M.
1827 *Mémoires pour les communes de Rogerville, Oudalle, Sandouville, La Cerlangue et Tancarville.* — B. M.
» *Statistique du Théâtre du Havre, etc.* — Coll. Seguin.
1828 *Observations de M⁰ Robion, avocat.* — Coll. Seguin.
» *Règlement de l'Octroi d'Ingouville.* — Arch. M.
» Durand (Ch.). — *Des passions considérées sous le rapport philosophique, etc.* — Coll. Seguin.
1829 *Règlement de police du port du Havre.* — Lech.
1830 *Règlement de l'Administration du Bureau de Bienfaisance.* — Arch. du B. de Bienf.
» E. Corbière. — *Les trois journées de Paris.* — Coll. Seguin.
» *Rapport à la Chambre de Commerce du Havre.* — B. M.
1831 *Le Cercle des Arts.* — Lech.
» Joubin. — *Mémoire sur les facteurs numériques.* — Coll. Seguin.
1834 Ladvocat. — Port du Havre — Projet — Lech.
» *Port du Havre. — Réflexions.* — Arch. M.
1835 *Discours sur la géographie.* — B. M.

1835 Torrachini. — *Carlo au Pont du Diable.* — Coll. Seguin.
  » *Etablissement des eaux du Pont-Rouge.* — B. M.
1836 Lhéritier de Brutelle. — *Le Havre en 1860.* — Coll. Seguin.
  » *Office de Saint-François d'Assise.* — Vente Touss.
  » Murphy-Byrne (G.-D.). — *The Seine and historical.* — B. M.
1837 Lhéritier de Brutelle. — *L'Avenir de Graville.* — Coll. Seguin.
  » Ludin (L.). — *Recueil commercial.* — Lech.
1838 Massas (Ch.). — *Etude sur le Havre, etc.* — Lech.
  » Bailleul (H.). — *Mémoire sur le port du Havre.* — B. M.
1839 Baron (V.). — *Essai sur la navigation à vapeur.* — Lech.
  » Joubin. — *Trois dilemmes et quelques réflexions, etc.* — Coll. Seguin.
1840 Viau (R.). — *Esquisse historique, Harfleur, etc.* — B. M.
  » *Documents relatifs à l'agrandissement du Havre.* — Arch. M.
  » L.-G. — *Réflexions d'un croyant au magnétisme animal.* — Coll. Seguin.
1843 Morlot (Ch.). — *Quatre lettres sur la question des sucres.* — Coll. Seguin

Henri Brindeau et Cie. — Sous l'habile direction de Henri Brindeau et avec le concours du rédacteur en chef émérite qui avait nom Cazavan, le *Journal du Havre* prit un rapide essor et ne tarda pas à occuper une des premières places dans la presse de province. Les idées libérales trouvaient en lui un défenseur ardent et intrépide, et il jouissait, comme organe d'informations commerciales et maritimes, d'une autorité indiscutée. Aussi son influence, au point de vue politique comme au point de vue commercial, était-elle considérable.

Une loi de 1845 décréta d'utilité publique l'expropriation de la maison de la rue de la Gaffe occupée par l'imprimerie du *Journal du Havre*, afin de permettre l'agrandissement de l'hôtel des Douanes. L'immeuble fut payé 80,000 francs et les locataires reçurent une indemnité de 25,000 francs. L'établisement fut transféré au numéro 16 de la rue Saint-Julien, dans la maison occupée aujourd'hui par la salle des ventes du Mont-de-Piété.

Les publications de l'imprimerie H. Brindeau et Ce, de 1843 à 1861, portent les titres suivants :

1841 *Administration, règlement de la compagnie d'artillerie de la garde nationale du Havre.* — Lech.
1844 *Régates du Havre. Rapport à S. A. R. Mg^r le Prince de Joinville.* — Lech.
1845 *Les Octrois et le dixième de guerre. Pétition.* — Lech.
1846 Lemonnier-Delafosse. — *Seconde campagne de Saint-Domingue.* — B. M.
  » *Projet d'un grand établissement à créer au Havre.* — Lech.
  » Perrot. — *L'illusion d'un peintre.* — Coll. Seguin.
1846 Leméthevet (Le Chevalier) et F.-D.-A. Vaghi. — *Surcot de sauvetage et de natation.* — Coll. Seguin.

1847 Morlot (Ch.). — *La comédie du libre-échange.* — Coll. Seguin.

1848 *Fête de la Fraternité au Havre, 10 septembre 1848.* — Coll. Seguin.

1851 *Sauvetage humain. Quaternaire-bouée applicable dans tous les ports de me et sur tous les fleuves.* — Lech.

» Gaffney. — *Les masques démasqués par un vilain masque.* — Lech.

» De Coninck. — *La vie à bon marché.* — Lech.

[1851] *Mémoire pour la Société des Eaux de Graville, etc.* — Lech.

1852 *Les poètes du Havre.* — Lech.

» Expert (H.) et Vieillard. — *Remorquage. Seine-Maritime.* — Lech.

1853 *Remorquage. Basse-Seine.* — Lech.

» *Mémoire pour la Société des Eaux de Graville.* — Lech.

1855 Guerrand (J.) — *Recueil de jurisprudence commerciale et maritime du Havre.* — Lech.

[1855] Reydellet (Ed.) — *Quelques observations sur les cinq projets, etc.* — Lech.

1856 Lahure (E.) et Ch. Bal. — *Considérations sur la construction et la propulsion des navires en fer.* — Lech.

» Poulain (N.) — *Mes adieux à l'Eglise protestante du Havre.* — Lech.

[1858] Lahure (E.) — *Considérations sur les conditions auxquelles les bateaux de sauvetage, etc.* — Lech.

1858 Cazavan (Gustave), rédacteur au *Journal du Havre.* — *De l'endiguement de la Basse-Seine.* — Lech.

» Reydellet (Ed.). — *Autre étude sur le projet du nouveau port du Havre mis à l'enquête.* — Frère.

» Cazavan (G.) — *De l'endiguement de la rade du Havre.* — Lech.

s.d. Matenas (C.-B.) — *Réflexions sur les cinq projets d'entrée du port du Havre.* — Lech.

Gustave Cazavan et Cie. — Lorsque Henri Brindeau mourut, le *Journal du Havre* consacra à son directeur un article nécrologique qui interprétait fidèlement les regrets que laissait derrière lui cet imprimeur distingué.

Une assemblée générale des actionnaires de la Société désigna pour succéder à H. Brindeau, Gustave Cazavan, rédacteur en chef du journal depuis plusieurs années.

De l'imprimerie Cazavan et Ce sont sortis, de 1861 à 1870 :

1863 Desjardins (A.) — *Observations sur la prostitution.* — Lech.

1864 Nillus (Ch.-Marcel). — *Nouvelles réflexions sur les lignes transatlantiques françaises.* — Lech.

1865 Conseil (Jacques-François). — *Bateau de sauvetage dit pilote.* — Lech.

» Chambre de Commerce du Havre. — *Enquête sur les principes et les faits qui régissent la circulaire monétaire et fiduciaire.* — Lech.

» Collège du Havre érigé en Lycée impérial. — *Distribution solennelle des prix le mardi 8 août 1865 (1re année).* — Lech.

1866 Chambre de Commerce du Havre. — *Projet de décret sur le commandement des navires de commerce.* — Lech.

» Chambre de Commerce du Havre. — *Adresse à MM. les Députés du Corps législatif.* — Lech.

1867 Ville du Havre. — *Règlement de police concernant les chiens errants ou abandonnés.* — Lech.

1868 Chambre de Commerce du Havre. — *Note sur la loi du 19 mai 1866 relative à la marine marchande.* — Lech.

 » Brostrom. — *Les fronts ouest du Havre et leur transformation.*—Lech.

1869 Chambre de Commerce du Havre. — *Marine marchande.* — *Rapport de la Commission.* — Lech.

1870 Lockhart (James). — *Le Havre, préfecture de la Seine-Maritime.* — Lech.

 s.d. Cazavan (Gustave). — *Nouveau plan d'alignement des rues du Havre.* — Lech.

**

A Gustave Cazavan succéda, en 1870, **Alphée Brindeau**, fils de Henri Brindeau. Nous voici donc arrivé à l'année 1870, limite que nous nous sommes assignée.

Nous arrêtons à cette date l'historique de cette imprimerie, qui, toutefois, 233 ans après sa fondation par Jacques Gruchet, existe encore. Elle est dirigée par notre confrère et ami, M. A. Lachèvre, depuis 51 ans dans la maison. M. L. Brindeau, député, petit-fils de H. Brindeau, le fondateur de la Société qui succéda à Stanislas Faure, est actuellement le directeur politique du *Journal du Havre* qui continue à s'y imprimer.

Nous donnons, pour terminer ce chapitre, la généalogie de la famille Gruchet jusqu'à Stanislas Faure, qui céda son imprimerie à la Société Brindeau et Cⁱᵉ.

Nous avons vu que, parmi les membres de cette famille, quelques-uns furent remarquables, rien que cette raison suffirait pour rendre cette généalogie intéressante si son insertion n'était tout indiquée pour guider le lecteur dans notre récit.

Généalogie des GRUCHET

Jacques GRUCHET, marié à Marie-Louise MAURRY

Marin Gruchet — **Guillaume GRUCHET**, marié à Marie TIRELET-DUMOULIN — deux filles

Marie-Louise GRUCHET, mariée à **Pierre FAURE** — Angèle GRUCHET — une fille mariée à J.-B. BESONGUE fils, libraire à Rouen

Pierre-Joseph-Denis-Guillaume FAURE, marié à Charlotte PLAINPEL

Guillaume-Stanislas FAURE — Louis-Joseph FAURE

Stanislas FAURE

CHAPITRE II

Imprimerie Payen et Cⁱᵉ

(1790-1870)

Payen et Cᵉ (1790-1794). — *Pierre-Louis Le Picquier* (1794-1798). — *Gilbert* (1799). — *Louis Le Picquier* (1800-1825). — *Thouret et Cⁱᵉ* (1825-1828). — *Alphonse Lemale* (1828-1870).

Payen et Cⁱᵉ. — Ainsi qu'on l'a vu plus haut, il n'existait au Havre, au début de l'année 1790, qu'une seule imprimerie, celle de P.-J.-D.-G. Faure.

Profitant de la suppression des lettres de maîtrise et des brevets, qui fut sanctionnée par la loi du 17 mars 1791, un nommé Payen créa, vers la fin de 1790, sous la raison sociale de Payen et Cᵉ, une Société pour l'exploitation d'une imprimerie, qu'il installa au n° 7 de la rue des Jacobins (rue d'Estimauville actuelle), au fond de la cour. Il fonda en même temps un journal intitulé le *Courrier maritime*, qui paraissait le mardi et le samedi de chaque semaine; le prix de l'abonnement était de 15 livres par an. Le premier numéro du *Courrier maritime* doit avoir paru le 12 janvier 1791.

Le catalogue de la Bibliothèque Canel, de Pont-Audemer, mentionne le n° 372 du *Courrier maritime*, daté du 18 brumaire an xi. Nous donnons ci-contre le fac-similé des pages 1 et 4 du n° 20 du 19 mars 1791, d'après un original que nous a prêté M. Seguin qui possède plusieurs numéros de cet organe.

Ce journal était rédigé par un nommé Le Picquier, commis de négociant. Le 5 janvier 1792, le substitut du Procureur de la Commune dénonça à l'assemblée du bureau de la Municipalité, une lettre contenue dans le n° 102 du *Courrier maritime* du 30 décembre précédent, et portant la signature de Le Picquier.

Le substitut ajoutait qu'il « dénonçait cette lettre : 1° comme attentatoire à la Constitution ; 2° comme renfermant des principes de sédition et révolte au moyen d'insinuations pernicieuses et mensongères ; 3° comme outrageante pour les autorités constituées et pour les gardes nationaux en particulier », etc. L'assemblée décida qu'il n'y avait pas lieu de donner suite à cette dénonciation.

Courrier maritime
du Havre.

n°. 20.

Du samedi 19 Mars 1791.

On soufcrit, au Havre, chez *Payen & Comp*. *Imprimeurs rue d'Eftimauville*, pour ce Journal qui paroît régulièrement les Mardi & Samedi de chaque femaine, moyennant 15 liv. par an pour le Havre, & 18 liv. franc de port, pour tout le royaume. M^{rs}. les Négociants étrangers qui défireroient le *Courrier maritime*, font prévenus que nous avons obtenu du Directoire des Poftes l'abonnement comme les autres Journaux, & peuvent foufcrire à l'adreffe ci-deffus, en affranchiffant leurs lettres.

NAVIRES ENTRÉS.

Chargement du navire *le Superbe*, capitaine *Frémont*, venant du Port Maurice, arrivé le 15.

15 bariques *fucre blanc*. 56 bariques 1 tierçon *fucre brut*.
10 *boucauds de café*. 150 *balles & 8 ballotins coton*.
1 *bouc*. 17 *tierç*., 2 *quarts, indigo*.
Pris fous voile. 17 *bouc*., 15 *tierç*. 1 *quart & 54 facs café*.
3 *tierçons indigo*. 2 *caiffes firop*.
43 *balles & ballotins, coton*.

Chargement du navire *le Huffard*, capitaine *Fleury*, venant d'Alicante, arrivé le 15.

181 *balles de foude*. 2 *balles graine d'anis*.
58 *pipes*, 30 *pièces eau-de-vie*.
3 *quarterolles vin*.

Le furplus pour Rouen.

Chargement du navire Efpagnol *la Marquife de Balbuena*, capitaine *Julian de la Campa*, venant de Saint-Ander, arrivé le 15.

539 *balles de laine*. 37 *furons indigo*.

Fig. 6 et 7. — Fac-similé des pages 1 et 4 du n° 20 du *Courrier Maritime*.

(4)

mer le 11 de ce mois , après avoir effuyé des temps affreux. L'équipage a été fauvé par le capitaine *Kolher* commandant la galiote Hambourgeoife *la-Dame-Marie* , allant à Hambourg. Quelques jours après ce malheureux événement, le capitaine *Kolher* ayant eu connoiffance du navire François *la Bien-aimée* venant d'Alicante & deftiné pour Rouen, engagea le capitaine de ce navire à recevoir fur fon bord l'équipage Efpagnol qu'il avoit eu le bonheur de fauver. Le capitaine François fe chargea avec plaifir du capitaine *Johel* & de fon équipage , qu'il a mis à terre au Havre le 15 du courant. La perte de ce navire eft d'autant plus confidérable que fon chargement confiftoit en cochenille, quina & autres marchandifes.

ARRIVÉE DES NAVIRES.

A NANTES

La Nancy , venant de la Virginie.

A BORDEAUX.

Le 18 Février, *la Nouvelle-Rofalie* , ven. du Port-au-Prince. Le 23 , *la Julie* , ven. des Cayes & la Flotte ; *la Plaine-des-Gonaives* , ven. de Saint-Marc & la Flotte ; *la Ville-de-Caen* , ven. de la Pointe-à-Pitre.

A MARSEILLE.

Le 16 Février , *la Minerve* , venant de la Guadeloupe.

A LORIENT.

L'Aigle , venant de Nordfolk en Virginie.

A LA ROCHELLE.

Le 15 Février, *l'Heureufe-Conftitution* , ven. du Cap. Le 28 , *la Sally* , ven. de Bofton.

AVIS.

Le navire *la Penfylvanie* , capitaine *Harding* , du port de 280 tonneaux, partira pour Philadelphie du 10 au 15 Avril prochain. S'adreffer , au Havre, à MM. *Amet, Ronus & compagnie*.

Le fieur *Delabarre* , demeurant à Lifieux, natif & élève d'un des plus célébres chirurgiens dentiftes de Paris, où il a fait tous fes cours, a l'honneur de vous faire part qu'il fera tous les ans deux voyages dans cette ville. Exerçant depuis nombre d'années fon état avec fuccès , tant pour les traitements & opérations de la bouche , que pour le travail des dents artificielles , fur lefquelles il promet pouvoir faire manger comme avec les naturelles & faifant généralement tout ce qui concerne l'art du vrai dentifte ; & la réputation qu'il s'eft acquife dans tous les endroits où il va , lui fait efpérer qu'il réuffira à vous rendre fes fervices agréables.

Son féjour en cette ville , ne fera que de quelques jours. On peut s'adreffer à Madame *Hauville* , rue Saint-Jacques , vis-à-vis le cimetière.

L'indulgence de la municipalité encouragea l'opposition de Le Picquier et il alla si loin dans ses attaques qu'il fut arrêté en septembre 1793. Il était en prison depuis un an déjà quand sa

femme obtint qu'il fût transféré « dans son domicile à Ingouville où il devait rester en état d'arrestation sous la garde
d'un citoyen qui signerait sa soumission au greffe d'Ingouville ». C'était la forme assez étrange que revêtait à cette époque la mise en liberté provisoire. La municipalité d'Ingouville,
chargée de l'exécution de l'arrêté pris par la municipalité du
Havre, voulut exiger que Le Picquier payât son gardien. Le
Picquier adressa une pétition au Directoire du district de Montivilliers pour obtenir d'être dispensé d'acquitter ces frais; il y
exposa qu'il avait trois enfants en bas-âge, que sa femme était
malade et ses ressources entièrement épuisées. La municipalité du Havre ne tarda pas à se départir de sa rigueur à son
égard, car nous allons retrouver bientôt Le Picquier à la tête
de l'imprimerie Payen.

Des presses de Payen et C⁰ sont sortis les ouvrages suivants :

s. d. *Les Amis de la Constitution du Havre, à leurs concitoyens.* — Lech.

» Le Picquier. — *A mes concitoyens.* — Lech.

[1790] *Compliment adressé à la Municipalité par les RR. PP. Capucins.* — Lech.

» *Adresse des marins du Havre à l'Assemblée Nationale.* — Coll. Seguin.

1790 *Lettre d'un curé du Languedoc à son évêque, etc.* — Coll. Seguin.

[1791] *Discours et serment prononcés par M. l'abbé Trupel.* — Coll. Seguin.

» *Adresse à l'Assemblée nationale par les négociants et capitaines.* — Lech.

» *Extrait du procès-verbal du jeudi 2 juin 1791 en l'Ass. patr.* — Lech.

1791 *Fortifications. Etat des différentes espèces d'ouvrages, etc.* — Lech.

» *Adresse à l'Assemblée nationale (au sujet des colonies).* — Coll. Seguin.

» Choinet. — *Discours de M. l'abbé —, instituteur de la jeunesse.* — Coll.
  Seguin.

» Degaulle. — *Observations sur le projet adopté pour l'agrandissement du
  port du Havre.* — B. M.

[1792] *Adresse des citoyens du Havre à l'Assemblée nationale.* — B. M.

1793 *La Disculpation du citoyen Musquinet dit Delapagne, maire d'Ingouville.*
  — Lech.

» Musquinet-Lapagne. — *A Lidon, à Lefebvre (de Nantes), députés.* — Coll.
  Seguin.

Pierre-Louis Le Picquier. [Gilbert.] — Vers la fin de
1794, c'est-à-dire peu de temps après sa sortie de prison, Pierre-
Louis Le Picquier, dont nous venons de parler dans le chapitre
précédent, succéda à Payen et C⁰.

L'acte de naissance de l'un de ses enfants (1) lui donne à la

____

(1) Marie-Alexandre-Charles Le Picquier, courtier en marchandises; mort en 1878.

date du 8 décembre 1796, la double qualification d'imprimeur et de courtier en marchandises.

Pour des motifs que nous ignorons, mais auxquels ses démêlés avec l'administration ne furent probablement pas étrangers, Le Picquier céda son établissement à un nommé Gilbert, qui n'était qu'un prête-nom. Ce qui pourrait donner raison à cette assertion, c'est l'ouvrage suivant publié par cet imprimeur sous ce titre :

Dissertation sur le port du Havre, par le citoyen Le Picquier. Havre, imprimerie Gilbert, 1799.

Mais dès 1802, Le Picquier était redevenu l'imprimeur du *Courrier maritime*.

Il n'a pas été possible de déterminer l'époque à laquelle cette publication a cessé de paraître, nous savons seulement qu'en 1814 elle n'existait plus ; mais Le Picquier continuait à imprimer des bulletins maritimes et commerciaux qui portaient ombrage au *Journal du Havre*. Le chef de l'imprimerie Faure le dénonça le 25 juin 1814 à l'inspecteur de la Librairie en résidence à Rouen. L'échange de lettres auquel cet incident donna lieu fournit de curieux et intéressants renseignements sur la situation faite à la Presse dès les premiers jours de la Restauration.

Le 17 juillet 1814, Le Picquier écrivait à l'inspecteur de Rouen :

J'ai l'honneur de vous adresser quelques exemplaires d'une notte du mouvement de notre port depuis le 1er may jusqu'au 30 juin. Quand je redigeois le *Courrier maritime*, je l'y faisois paroitre tous les mois et vous jugerez vous-même combien elle pouvoit intéresser le commerce ; ces sortes de récapitulations sont propres à guider les spéculateurs dans leurs opérations.

Si cet opuscule trouve grâce devant vous, je vous prie de me prévenir s'il n'y a point d'inconvénient à en distribuer autant qu'on m'en demandera. Vous m'obligeriez également, Monsieur, d'en faire hommage à Monsieur le Préfet. J'en ai envoié une douzaine d'exemplaires à un de mes excellens amis qui doit en remettre à Messieurs Beugnot et Berrenger. Je n'en donnerai ici qu'à mes meilleurs amis, jusqu'à ce j'aie reçu la réponse dont vous voudrez bien m'honorer. Vous observez que ce n'est pas un journal ni un abonnement. C'est une simple notte utile au commerce comme un prix-courant. Nous avons bien besoin d'être fixés sur cette liberté de la presse dont nous avons la garantie dans l'acte constitutionnel. Quand on est gouverné par un bon Roi, le Citoien doit lui paier le tribut de ses lumières et de son amour. Malheur à ceux qui veulent agiter et troubler, la loi les atteindra facilement.

Daignez me marquer si c'est par Monsieur le Préfet ou par vous, Monsieur, que je dois faire parvenir une pétition pour le *Courrier maritime* à Monsieur le Directeur général de la Librairie.

Cette demande, conçue en termes fort aimables pour le nouveau régime, recevait le 20 juillet suivant, la réponse suivante :

J'ai reçu, Monsieur, votre notice sur le mouvement du port du Havre, et je pense que d'après sa forme elle ne peut être assimilée à une feuille périodique puisqu'elle n'a pas d'époques fixes de publications et qu'elle n'est pas vendue par la voie d'abonnement.

Vous ne me dites pas si avant de l'imprimer vous avez pris la permission de M. l'Inspecteur.

Je dois vous rappeler que d'après les règlements maintenus en vigueur vous eussiez dû remplir cette formalité. Si vous ne l'avez pas fait je vous engage à vous y conformer de suite et avant de publier.

Quant à votre pétition, je crois que vous devez l'adresser directement à M. le Directeur général de la Librairie qui, s'il le juge convenable, consultera M. le Préfet et son inspecteur.

Malgré les précautions dont Le Picquier croyait devoir s'entourer pour éviter les tracasseries administratives, il continuait à être en butte à l'animosité du chef de l'imprimerie Faure, qui écrivait de nouveau, le 3 août 1814, à l'Inspecteur de l'Imprimerie et de la Librairie :

Par ma lettre du 23 juin dernier, écrit-il, j'ai eu l'honneur de vous informer que M. Lepicquier imprimait, en contravention aux règlements de l'Imprimerie, des Bulletins nuisibles au journal de M. Faure : Par votre réponse du 28 du même mois, vous m'avez observé que cela pouvait être vrai, mais que rien ne le prouvait.

Aujourd'hui, Monsieur, vous avez dans le Bulletin de M. Périaux les preuves de l'existence du Journal de M. Lepicquier. En conséquence je vous prie, en l'absence de M. Faure, d'user à l'égard de M. Lepicquier de la même rigueur dont vous avez agi au mien, lors de la chute de Bonaparte. A cette époque, j'étois excusable d'outre-passer les règlements de l'imprimerie, puisque j'y étois autorisé par les Commissaires du Roi au Havre et par l'opinion de presque tous les fonctionnaires publics de la même ville, opinion partagée encore aujourd'hui par beaucoup de membres de la Chambre des Députés.

— 46 —

M. Lepicquier ne se trouve pas dans la position où j'étois à cette époque : il ne fait pas un journal pour instruire le public de la chute de Bonaparte, mais seulement dans l'intention de gagner de l'argent, sans avoir aucune rétribution à payer. Il est d'autant plus coupable qu'il n'a plus en ce moment, suivant son opinion, la qualité d'imprimeur, puisqu'il exerce la profession de courtier de commerce et qu'il en a versé le cautionnement à la caisse du Receveur particulier de l'arrondissement.

Honoré de la confiance de M. Faure, absent pour les intérêts du département (1) je dois défendre les siens et signaler à l'administration chargée de les protéger, l'individu qui voudrait lui enlever un journal dont il est Propriétaire depuis plus de 60 ans.

Il est à présumer que le mandataire de P.-J.-D.-G. Faure dût réussir à faire interdire la publication, par Le Picquier, de ces bulletins maritimes et commerciaux, concurrents du *Journal du Havre*.

L'imprimerie de Le Picquier était installée en 1813, rue d'Estimauville, n° 94.

Des presses de P. Le Picquier sont sortis :

s. d. *Entretien d'un curé avec ses paroissiens sur la Caisse d'épargne.* — Vente Touss.

» *Le Comice patriotique et universel.* — B. M.

» *Les tributs directs et fixés.* — B. M.

» GAILLARD (A.). — *Table de réduction des mesures pour les bois de chauffage.* — B. M.

» GAILLARD (A.). — *Traité abrégé et méthod. du calcul des nombres décimaux.* — Frère.

An III. *Mémoire adressé par la commune du Havre à la Conv. nation.* — B. M.

1793 LELIÈVRE-DÉZALLES. — *Délits de la municipalité provisoire du Havre-Marat, etc.* — B. M.

1796 PLEUVRI (abbé). — *Histoire, antiquités et description de la ville et du port du Havre-de-Grâce.* — Coll. Seguin.

1797 [LE PICQUIER.] — *Observations sur la prise du navire américain* La Juliana. — Coll. Seguin.

1813 *Arrondissement du Havre.* — *Levée des 300,000 hommes pris sur les classes de conscription de l'an 11 à l'an 14.* — Coll. Seguin.

[1815] SÉRY (maire du Havre). — *Adresse au roi.* — Lech.

1815 *Proclamation aux habitants du Havre en état de siège.* — Arch. M.

1816 Chambre de Commerce du Havre. — *Observations sur le projet de tarif pour 1816.* — Lech.

1817 *Pétition présentée le 31 janvier 1817 à la Chambre des députés.* — Lech.

1818 *Souscription pour les travaux du port (du Havre).* — Lech.

» *Loi qui accepte l'offre faite... de prêter 1,950,000 fr. pour l'exécution des travaux.* — Arch. M.

» Cie du port du Havre. — *Exposé des motifs du projet de loi.* — Arch. M.

---

(1) Nous avons vu que P.-J.-D.-G. Faure, dont il s'agit ici, était à cette époque conseiller municipal et membre du collège électoral.

[1819] Le Picquier. — *Mémoire sur les moyens de favoriser le commerce, etc.* — Lech.

1819 *Quelques réflexions présentées par la Chambre de Commerce du Havre, etc.* — Coll. Seguin.

1820 *Rapport fait par le sieur Le Picquier, courtier, à MM. les syndics et adjoints de courtiers.* — B. M.

1821 Pondurand. — *Le siège du Havre, drame [en 3 actes et en vers.* — Coll. Seguin.

» *Coup-d'œil sur la position commerciale du Havre pendant l'année 1820, (trois autres cahiers ont été publiés pour les années 1821-1824-1825).* — Coll. Seguin.

1822 *Caisse d'épargne et de prévoyance de l'arrondiss. comm. du Havre.* — Lech.

[1823] Camel (J.-B.-L.). — *La corvette* L'Espérance. *tableau-vaudeville en un acte* — Coll. Seguin.

1824 *Rapport des Directeurs de la C°.* — Arch. M.

» *Observations de la Chambre de commerce sur l'établissement d'un Entrepôt à Paris.* — Coll. Seguin.

1825 Cartier (F.). — *Etat de l'agriculture, de l'industrie et [du commerce dans l'arrondissement du Havre.* — Coll. Seguin.

s. d.* Le Marcis (prêtre). — *Légende et panégyrique de saint François d'Assise.* — Coll. Seguin.

s. d.* *Mémoire par les négociants du Havre, contre le projet de mettre en régie la fabrication et la vente des tabacs dans la République.* — Coll. Seguin.

An VII* Le Picquier. — *Dissertation sur le port du Havre contre le projet de la Commission des marins réunie à Cherbourg.* — Lech.

A. Thouret et C⁰(1). — Au numéro 36 de la rue des Drapiers, à l'angle sud-est de cette rue et de la rue de la Gaffe, s'était installé, vers la fin de 1789, un jeune ménage arrivant de Lion-sur-Mer et de Vienne (Calvados). Les époux Lerebourg exerçaient la profession de *marchands cartiers* et leurs affaires avaient une importance relative à en juger par la teneur d'un connaissement à 62 rames de papier à eux expédiées de Caen le 11 avril 1790.

Pierre Lerebourg mourut en 1794; sa veuve se remaria l'année suivante à Etienne Lemale.

L'établissement de la rue de la Raison, section du Temple (dénomination de la rue des Drapiers pendant la période révolutionnaire), avait prospéré; la veuve Lerebourg qui, lors de

---

(*) Les trois ouvrages marqués d'un astérisque portent comme nom d'imprimeur : Imprimerie Gilbert.

(1) Nous donnons ici, textuellement, les notes de M. A.-G. Lemale relatives à cette maison et à celle de son père Alphonse Lemale qui lui fit suite; nul mieux que lui ne pouvait en faire l'historique.

son premier mariage, s'était constitué en dot « une rente de 42 livres quitte et exempte de tous deniers royaux » et un trousseau estimé 1,200 livres « provenant de son pécule et bon ménage » pouvait, en contractant son second mariage, déclarer un apport de 25,000 livres.

Etienne Lemale mourut le 24 février 1800 ; sa veuve dirigea, jusqu'aux premiers mois de 1825, l'établissement de papeterie qu'il lui avait laissé. Elle le céda à cette époque à son fils Alphonse.

Celui ci était jeune, — il avait alors 27 ans ; — les affaires de sa mère n'offraient pas un aliment suffisant à son activité et à sa passion pour le travail ; il chercha à leur ouvrir un champ plus vaste, et s'entendit avec Accacia Thouret pour acheter avec lui l'imprimerie Le Picquier.

Le Picquier la leur cédait le 13 juillet 1825 moyennant le prix de 40,000 francs, dont 20,000 francs s'appliquaient au brevet d'imprimeur et à l'achalandage et 20,000 francs au matériel.

Cette cession fut régularisée par un acte passé devant M⁰ Palfray, notaire, le 18 mai 1826, et le 1ᵉʳ juin suivant, les deux acquéreurs s'associaient sous la raison de commerce de A. Thouret et Cᵉ. C'était Thouret qui devenait titulaire du brevet d'imprimeur en remplacement de Le Picquier. Ils transféraient le matériel au 15 de la rue Saint-Jacques qui communiquait avec le 20 de la rue des Drapiers.

En même temps, dans une circulaire adressée au public, ils annonçaient qu'ils avaient renouvelé leurs caractères chez Didot frères et qu'à partir du 1ᵉʳ juillet 1826, ils feraient paraître *Le Phare du Havre*, journal entièrement consacré aux matières commerciales.

Mais la bonne harmonie ne régna pas longtemps entre les deux associés ; moins de quatre mois étaient écoulés que Thouret cédait à Alphonse Lemale sa part dans l'entreprise (16 septembre 1826). Il lui cédait en même temps sa part de propriété dans le journal le *Phare du Havre*.

Le Phare avait un programme très vaste : il traitait les questions relatives à « l'industrie, au commerce, aux tribunaux, à la littérature et aux arts » ; il paraissait tous les jours, dimanches et fêtes exceptés. Comme exécution typographique, il constituait un progrès incontestable. Aussi reçut-il du public commercial, dès son apparition, l'accueil le plus empressé.

Contrairement à l'engagement formel qu'il avait pris dans l'acte du 16 septembre 1826, Thouret refusait de donner sa démission d'imprimeur. Il restait titulaire du brevet (1) et par cela même maître de la situation. Les dissentiments entre les deux associés étaient parvenus à l'état aigu et, pour obtenir la retraite définitive de Thouret, A. Lemale dut, aux termes d'un compromis en date du 29 juin 1828, s'engager à lui verser une somme de 10,000 francs. C'est alors seulement que lui fut délivré un brevet d'imprimeur sur la présentation de Thouret démissionnaire (18 août 1828).

La publication du *Phare* exigeait des ressources que Thouret et Lemale n'avaient pas à leur disposition. Une Société par actions ayant pour objet la publication de ce journal se constitua le 6 août 1827 au capital de 48,000 francs. Un tiers du capital fut fourni par un ancien négociant de Paris, Fréd. Wolff, qui prit la direction de l'entreprise; le reste des actions eut pour souscripteurs les chefs des premières maisons de la place du Havre, de celles qui ont laissé les meilleurs souvenirs dans la communauté commerciale du Havre, les Ed. Laffitte, Charles Baudin, Joseph Clerc, Poutz, Louis Larue, Fred. Wanner, Ed. Quesnel, Adrien Ysnel, J. Larreguy, J.-J. Barbulée, Fr. Chevremont, Brunet, Bonnaffé, Boisgérard et C°, Delaroche, Armand Delessert et C°, Henri Brindeau, Vasse, Mancel, H. Monod et C°, Divernois, Dupasquier et C°, A. Danvers, Francis Courant et Odier, etc. La publication du *Phare* était confiée à l'imprimerie Thouret.

Le 27 mars 1828, une ordonnance royale autorisa *Le Phare* à devenir politique; mais pour profiter de cette faveur, il lui fallut fournir un cautionnement sous la forme d'un titre de 1,500 francs de rentes. La Société emprunta à 6 °/₀ le capital nécessaire à l'acquisition de ce titre et, afin de donner toute garantie au prêteur contre l'éventualité d'une saisie du cautionnement par le gouvernement, on inséra dans les statuts une clause additionnelle stipulant « qu'en cas de frais de poursuites et d'amende, chaque actionnaire sera tenu de contribuer au paie-

---

(1) Les brevets d'imprimeur, supprimés par la loi du 17 mars 1791, avaient été rétablis par décret du 5 février 1810.

ment desdits frais et amende au prorata du montant de son intérêt ». Il fallait que les actionnaires du *Phare* fussent animés de sentiments singulièrement bienveillants à l'égard de leur journal pour consentir ainsi à courir les risques de versements indéfiniment renouvelables, destinés à reconstituer le cautionnement au fur et à mesure des amputations que pouvaient lui faire subir les sévérités administratives ! La Société Wolff devenait, en quelque sorte, une Société à responsabilité illimitée.

Or le gouvernement de la Restauration n'était pas tendre pour la presse ! Une première fois les scellés avaient été apposés sur les presses du *Phare*, avant le 29 juin 1828.

Des presses de Thouret et Ce sont sortis :

s. d. *Organisation de la boulangerie au Havre.* — Coll. Seguin.

1824 Legros (A.-P.). — *Précis historique de la ville du Havre depuis François Ier jusqu'à Charles X.* — Vente Touss.

[1826] *Examen critique du plan proposé pour l'établissement d'une Bourse sur les terrains des anciens chantiers de la Marine.* — Lech.

» *Rapport fait à la réunion de MM. les négociants sur les divers projets pour l'établissement d'une Bourse.* — Lech.

» Legros (A.-P.). — *Précis historique sur la ville du Havre, etc.* — Coll. Seguin.

1827 Thomas (P.-P.). — *Le passage du Tropique.* — Coll. Seguin.

» [Buquet (L.)]. — *Histoire des débuts de 1827 ou revue des acteurs.* — Coll. Seguin.

1828 Chambre de Commerce du Havre. — *Travaux du port du Havre.* — Exposé. — Lech.

Alphonse Lemale. — On a vu plus haut qu'Alphonse Lemale s'était rendu acquéreur de l'imprimerie Le Picquier, conjointement avec Thouret, dès le 13 juillet 1825, mais n'était devenu titulaire du brevet qu'au mois d'août 1828.

Transféré d'abord de la rue d'Estimauville dans une maison située rue Saint-Jacques, n° 15, le matériel de l'imprimerie fut installé, à Pâques 1829, au n° 20 de la rue des Drapiers. C'est là qu'il fonctionna jusqu'en 1852, époque à laquelle son déplacement s'imposa : l'importance de l'établissement s'était considérablement accrue depuis quelques années ; d'un autre côté, les machines cylindriques venaient de faire leur apparition dans l'imprimerie et elles étaient évidemment appelées à se substituer progressivement aux presses à bras. Les dispositions du local que les ateliers Lemale occupaient depuis vingt-deux ans dans la rue des Drapiers ne se prêtaient pas aux transformations devenues indispensables. L'installation de ces ateliers au n° 9 du quai d'Orléans (1) fut faite dans des conditions qui donnaient une satisfaction complète aux exigences nouvelles de l'entreprise.

C'est dans ces deux établissements que furent exécutés ces travaux typographiques qui ont placé Alphonse Lemale au rang des plus habiles imprimeurs de province du xix⁰ siècle. Il était, dans la plus large acception du terme, amoureux de son art. Il ne laissait pas sortir de ses presses un seul imprimé, quelque modeste que pût en être la destination, sans qu'il en eût préalablement revisé lui-même les épreuves avec une sollicitude, avec un soin qui, pour des insouciants, confinait à la minutie.

Dans le choix des caractères destinés à constituer le matériel de son imprimerie, comme dans leur groupement et leur agencement, il déployait un goût qu'on ne pouvait jamais prendre en défaut.

Le même souci de bien faire, il l'apportait dans le choix des papiers qu'il employait et dans les opérations accessoires que nécessite l'exécution de tout imprimé.

Citons en un exemple pris au hasard : Le satinage (travail destiné à faire disparaître le *foulage* ou relief produit au verso de la feuille de papier par la pression exercée sur les caractères) était de sa part l'objet de soins tout particuliers. L'effet que l'on obtient aujourd'hui à l'aide de presses hydrauliques ou de calandres mises en mouvement par un seul homme, on l'obtenait autrefois au moyen d'une puissante presse à vis, dont le serrage exigeait les efforts réunis de dix, douze, parfois quinze ouvriers tirant péniblement sur un palan. Deux fois par jour, on convoquait au cri de « Serrez la presse ! » les hommes les plus vigoureux des divers ateliers ; tous accouraient pour s'atteler au palan ; pendant près d'un quart d'heure ils hâlaient en mesure, faisant gémir, à l'envi, le sommier de la presse et son énorme vis en fer, et ne s'arrêtant que lorsque celle-ci refusait obstinément de tourner davantage.

---

(1) Aujourd'hui le n° 11, occupé par les ateliers du *Journal du Havre*, depuis plus de 20 ans.

Il fallait voir le lendemain matin, au desserrage de la presse, l'orgueilleuse satisfaction du personnel de la papeterie, lorsqu'il lui était donné de constater que les efforts de la veille avaient produit *un beau satinage* (1).

Ces détails, pour insignifiants qu'ils soient, prouvent la constante préoccupation d'Alphonse Lemale de n'exécuter que des travaux exceptionnellement soignés, de diriger constamment ses efforts vers la perfection.

A une pareille école les ouvriers ne tardaient pas à devenir des maîtres. Et ils le devenaient, en effet, dans la double signification du mot : pendant une certaine période il ne se créa guère au Havre d'atelier de papeterie ou d'imprimerie dont le chef n'eût fait ses premières armes ou un stage plus ou moins prolongé dans l'établissement Lemale. Les vieux typographes havrais citaient volontiers, il y a quelques années encore, les noms de plusieurs collaborateurs d'Alphonse Lemale que leur corporation était fière d'avoir comptés dans ses rangs.

Alphonse Lemale mourut le 13 avril 1870. Le *Journal du Havre* lui consacra un article nécrologique auquel nous empruntons quelques lignes :

..... La publication du *Phare du Havre* ayant été suspendue par mesure administrative en juillet 1830, M. Lemale tourna son activité vers l'exportation des papiers et des articles nécessaires à la profession d'imprimeur. Il se créa ainsi d'abord dans les colonies françaises, puis sur les principaux marchés de l'Amérique et de l'Inde, de nombreuses et importantes relations.

M. Lemale était passionné pour son industrie dont il faisait un art. De son établissement du quai d'Orléans sont sortis des travaux remarquables.

C'est par des excès de travail que M. A. Lemale a contracté la maladie de cœur à laquelle il vient de succomber.....

Le *Courrier du Havre* consacrait, de son côté, à l'imprimeur qui venait de disparaître, l'article suivant :

..... M. Alphonse Lemale avait su déployer, dans ses diverses branches de commerce, une activité et une intelligence qui ne tardèrent pas à assurer à sa maison une extension d'affaires considérable et à la poser au premier rang des établissements de ce genre.

---

(1) On ne satine plus guère aujourd'hui : les nouvelles méthodes de travail et le perfectionnement des machines permettent d'imprimer sans *foulage* apparent.

M. Lemale se livra ensuite à l'exportation des papiers et donna ainsi à sa maison un nouveau renom qui s'étendit jusque dans les contrées les plus éloignées, notamment aux Etats-Unis.

L'art typographique lui doit, au Havre, de nombreux progrès, d'intelligentes améliorations.

Atteint d'une surdité incurable, depuis de longues années déjà, contrairement à ce qui arrive en pareil cas, M. Alphonse Lemale n'avait rien perdu de son intelligente pratique et présidait, malgré son infirmité, à la direction de son imprimerie.

Il comptait sur notre place de nombreux amis, qui tous partageront le deuil de sa famille.

Alexis-Guislain Lemale, fils aîné de Alphonse Lemale et pendant de longues années son collaborateur intelligent et dévoué, succéda à son père en 1870. Il avait alors 38 ans. Sa raison commerciale était : A. Lemale aîné.

Elevé dans le goût des belles choses, il devait continuer, comme imprimeur, la tradition de la maison Lemale : Faire beau et bien.

Ecrivain distingué, on lui devait déjà plusieurs ouvrages d'un réel mérite : *Le Havre sous le gouvernement du duc H. de Saint-Aignan* (1719-1776), in-8°, 1860. — *Notices biographiques sur les ducs de Saint-Aignan* (François et Hippolyte), gouverneurs du Havre, in-8°, 1860.

Plus tard, comme éditeur, il devait mettre le comble à la renommée de sa maison en publiant d'abord : *Le Havre d'autrefois,* reproductions d'anciens tableaux, dessins, gravures et antiquités se rattachant à l'histoire de cette ville. Il en confiait le texte à M. Ch. Roessler et dirigeait lui-même la publication. Ceux qui connaissent ce magnifique ouvrage havrais peuvent dire tout le soin apporté aussi bien à son élaboration qu'à son exécution.

Dans *Le Havre d'autrefois,* tout a sa place, tout est à sa place, rien n'est superflu, rien n'est déplacé. L'harmonie la plus parfaite y règne. L'exécution du texte est remarquable ; celle des 71 gravures et des 65 grandes planches ne l'est pas moins.

Ou sent, en feuilletant ce superbe livre, qu'un homme éminent dans son art en a dirigé l'exécution avec goût jusqu'en ses moindres détails. Cet ouvrage fait honneur à notre cité à laquelle M. A.-G. Lemale l'a dédié d'une façon toute filiale : « Hommage d'un de ses enfants à la ville du Havre », dit-il dans sa dédicace.

Ensuite, et à côté d'autres publications moins importantes mais également de grande valeur, il entreprit : *La Normandie monumentale et pittoresque*, édifices publics, églises, châteaux, manoirs, etc., 5 volumes grand in-f° (0 m. 50 × 0 m. 38), contenant plus de 500 héliogravures et de nombreuses similigravures dans le texte.

Cet ouvrage est l'un des plus importants qu'on ait publiés jusqu'ici en province. Des circonstances malheureuses faillirent en empêcher l'achèvement. Après en avoir interrompu quelque temps la publication, M. A.-G. Lemale se remit à l'œuvre et il eut le bonheur d'achever, en 1900, ce magnifique monument élevé à la gloire de notre chère et belle province. Cet achèvement avait été pour lui un souci de tous les instants. L'année qui suivit l'apparition de la *Normandie monumentale* complète, en décembre, il mourait et avec lui disparaissait l'importante maison dont nous venons de retracer l'histoire.

Cet établissement, qui employa jusqu'à 250 ouvriers, a, comme nous l'avons vu, pendant plus d'un siècle, tenu une place fort honorable dans l'imprimerie de la province.

Nous saluons ici, avec une reconnaissance quasi-filiale, cette maison qui est disparue et dans laquelle nous fîmes nos premières armes, cette imprimerie que nous avons dirigée aux temps malheureux de sa première liquidation (1896).

Des presses de Alphonse Lemale sont sortis :

s. d. *Nouveau livre de cubage.* — Coll. Seguin.
  » LUSCOMBE (A.-M.). — *Signaux du port du Havre* — B. M.
  » NICOLE (G.). — *Sur la plage. Etretat.* — Coll. Seguin.
1827 DELAUNAY (J.-B.). — *Dialogue entre un Parisien et un Havrais.* — Coll. Seguin.
1829 *Procès-verbaux des séances de la Commission commerciale du Havre.* — Coll. Seguin.
  » BERTIN ET Cᵉ. — *Mémoire à S. E. le Ministre de l'Intérieur.* — Lech.
  » *Mémoire sur la question des sucres et du privilège colonial.* — B. M.
  » LE PICQUIER. — *De l'importance du commerce des sucres.* — Coll. Seguin.
  » ANONYME. — *De l'affranchissement des noirs dans les colonies intertropicales.* — B. M.
1830 BUQUET (Ch.-P.). — *The Litterary Miscellany.* — Coll. Seguin.
  » BONDI (C.). — *Discorso sulle conversazioni.* — B. M.

1831 Intendance sanitaire du Havre. *Règlement général.* — B. M.

 » *Instructions données aux pilotes par le président de l'Intendance sanitaire.* — Lech.

 » HOMBERT fils. — *Rapport sur la pêche à la baleine.* — Lech.

 » WINSLOW. — *Faits et observations sur l'état actuel de la pêche à la baleine en France.* — Coll. Seguin.

1832 FRISSARD. - *Navigation fluviale du Havre à Paris.* — Frère.

 » *Prospectus. Canal et Dock des Neiges.* — Coll. Quoist.

 » BEGOUEN.—*Catalogue des livres de la bibliothèque de M. le comte Begouen.*— Coll. Seguin.

 » WINSLOW. -- *Lettre sur la pêche à la baleine.* — Coll. Seguin.

1833 TORRACHINI. — *De la prononciation de la langue italienne.* - B. M.

 » *Observations sur le projet de loi relatif aux sucres.* — Lech.

1834 FRISSARD. — *Premier mémoire sur les divers projets relatifs à l'extension du Havre et de son port.* — Lech.

 » *Rapport au nom d'une Commission (question sur le Code de commerce).* — Lech.

1835 *Règlement de l'octroi de la commune d'Ingouville.* — Lech.

 » *Règlement intérieur (service des employés d'octroi d'Ingouville).* — Arch. M.

 » *Traité à l'usage des préposés de l'octroi d'Ingouville.* — Lech.

 » *Mémoire sur les sucres.* — Lech.

1836 FRISSARD. — *Deuxième mémoire sur les divers projets relatifs à l'extension de la ville du Havre et de son port.* — B. M.

 » *Règlement concernant la police des Abattoirs de la ville du Havre.* — Arch. M.

1837 FRISSARD (P.-Fr.). — *Histoire du port du Havre.* — Coll. Seguin.

 » *Mémoire en réponse à celui de la Chambre de Commerce.* - Lech.

1838 JOUBIN.— *Catalogue des livres de la Bibliothèque publique du Havre.*—Lech.

 » *Mémoire relatif au chemin de fer de Paris à la mer et à Strasbourg.* — B. M.

1839 MULLER (H.-L.). — *Commerce du globe et compte de revient.* — B. M.

1840 NILLUS (C.-M.). — *Assainissement des plaines de l'Eure et de Graville-Sainte-Honorine.* — B. M.

 » *Rapport sur l'établissement d'une ligne de paquebots entre le Havre et New-York.* — Lech.

 » *Commission havraise des paquebots à vapeur pour l'Amérique.* — Lech.

1841 MORLOT (Ch.). — *Rapport de la Commission du Conseil municipal (agrandissement du port et de la ville du Havre.* — Lech.

[1841] MORLENT (J.). — *Album du voyageur au Havre et aux environs* — Coll. Seguin.

1841 Chambre de Commerce du Havre. — *Rapport de la Commission (agrandissement du port et de la ville du Havre.* — Lech.

1843 *Règlement sur le pilotage.* — Lech.

 » LE BORGNE (A.). — *Tables sur les toiles à voiles.* — Coll. Seguin.

1844 Chambre de Commerce du Havre. Entrepôt réel. — Lech.

 » MATENAS (Ch.-B.). — *Recueils de tables et renseignements utiles à la navigation.* — B. M.

1845 *Règlement supplémentaire et tarif de l'octroi du Havre.* — Lech.

1847 MORLENT (J.). — *Le chemin de fer du Havre à Rouen et à Paris.* — Lech.

1848 Chambre de Commerce du Havre. — *Signaux de nuit pour les bâtiments à vapeur.* — Lech.

[1850] *Rapport sur le projet d'adjonction à la ville du Havre de la commune d'Ingouville et de partie de Graville-Leure et de Sanvic.* — Coll. Seguin.

1850 LEMONNIER-DELAFOSSE. — *Campagnes de 1810 à 1815.* — Coll. Seguin.

 » HOUDETOT (A. D'). — *Honfleur et le Havre.* — Coll. Seguin.

1850 *Rapport sur les primes d'encouragement pour les pêches maritimes.* — Lech.

[1850] HÉRIAL (O.) et KARL. — *La chasse aux canards*, revue.— Coll. Seguin.

1852 MORLENT (J.). — *Compte-rendu de la situation de la collection numismatique de la B. M.* — Lech.

» FORT-MEU (J.-B.). — *Éloges de Bernardin de Saint-Pierre et de Casimir Delavigne.* — Coll. Seguin.

» BOUET (C.-.E). — *Des bénéfices offerts par la pêche à la baleine.* — Coll. Seguin.

[1853] MORLENT [(J.). — *Petite géographie historique de la Seine-Inférieure.* — Coll. Seguin.

1853 DELAUNAY (J.-B.). — *Exposé démontrant la nécessité d'une augmentation dans le nombre des courtiers du Havre.* — Coll. Seguin.

» SORIEUL (L.). — *Discours aux prix du collège de Montivilliers.* — Lech.

1855 *Catalogue de la bibliothèque de l'Église protestante du Havre.* — Lech.

» MORLENT (J.). — *Ancelot devant ses concitoyens.* — Coll. Quoist.

» *Catalogue du Musée-Bibliothèque du Havre.* — Lech.

» *Catalogue de la bibliothèque de l'Église protestante du Havre (2e édit.).* — Lech.

1856 CONINCK (F. DE). — *Appel d'un jugement entre le baron de Jouvenet et F. de Coninck.* — Lech.

1857 MORLENT (J.). — *Tragique épisode de l'histoire du Havre. Les trois Raoulin.* — Coll. Seguin.

» *Les deux rapports* (bluette d'actualité) (4e édit.). — Coll. Seguin.

1858 *Les Jardins de l'Hôtel-de-Ville.* — Coll. Seguin.

» *Notice biographique sur M. Ch.-A. Lesueur, naturaliste.* — Coll. Seguin.

» *Le troisième rapport (19 mai 1858)*, par l'auteur des « Deux rapports ». — Coll. Seguin.

1859 LEVI ALVARÈS (D.) et R. PORNIN. — *Petit manuel des cours d'éducation maternelle.* — Coll. Seguin.

» CONINCK (F. DE). — *Le Havre, son passé, son présent, son avenir.* — Coll. Seguin.

1860 MATHIEU ANTHONIS. — *Livre des frets.* — Coll. Seguin.

» NILLUS (Ch.-M.) — *Projet d'avant-port de marée (à l'Eure).* — Lech.

» ELOY (H.) et GUERRAND.— *Des capitaines-maîtres et patrons .*—Coll. Seguin.

» LEMALE (A.-G.). — *Le Havre sous le gouvernement du duc H. de Saint-Aignan.* — Coll. Seguin.

» LEMALE (A.-G.). — *Notices biographiques sur les ducs de Saint-Aignan.* — Coll. Seguin.

» REYDELLET (E.). — *Rapport sur l'endiguement de la Seine.* — Lech.

1862 CONINCK (F. DE). — *L'Église réformée de France et l'Église du Havre.* — Lech.

1863 AMPHOUX (X.). — *Deux discours prononcés au Havre.* — Lech.

1865 LAURENT (A.). -- *Annuaire de la marine marchande.* — Lech.

1866 LEMALE (A.-G.). — *Monnaies, poids, mesures et usages commerciaux.* — Coll. Seguin.

1867 LENNIER (G.). — *Jardin zoologique et d'acclimatation.* — Coll. Seguin.

1868 GIQUEL (E.). — *Traité de déviation et de régulation du compas à bord.* — Lech.

1869 CONINCK (F. DE). — *Le Havre, son passé, son présent, son avenir.* — Coll. Seguin.

1870 FLEURY (Vor). — *Mémorial havrais. Guide des propriétaires, locataires, etc.* — Coll. Seguin.

» *Les deux Églises réformées du Havre.* — Lech.

CHAPITRE III

Imprimerie Patry

(1790-1794)

Vers l'année 1790, un nommé **Patry** qualifié, sur un état de 1789, de marchand libraire, profitant, comme Payen, de la suppression des formalités dont était entouré jusque-là l'exercice de la profession d'imprimeur, créa au Havre une troisième imprimerie.

Nous voyons l'imprimerie Patry installée, en l'an XI (1803), rue des Drapiers, n° 19, ensuite Grande-Rue (rue de Paris actuelle).

L'imprimerie Patry semble avoir disparu vers 1804. Patry mourut en 1810.

Voici les ouvrages connus sortis de ses presses :

s. d. LAIGNEL (J.-B.-J.). — *Les études de l'ordre social.* — Coll. Seguin.

 » LAIGNEL (J.-B.-J.). — *L'élite et l'examen alphabétique des loix commerciales.* — B. M.

 » BAILLEUL (J.-Ch.). — *Réfutation de la réponse d'un citoyen du Havre à l'adresse de M. Lecorney, curé de Saint-François.* — Lech.

1771 DICQUEMARE (abbé). — *Le grand banc de Terre-Neuve.* — Lech.

 » DICQUEMARE (abbé). — *Sondes générales des dedans et des dehors de la Manche.* — Lech.

 » DICQUEMARE (abbé). *Le ponant.* - Lech.

1786 *Les phares de Normandie, ode.* — Coll. Seguin.

[1792] LELIÈVRE-DEZALLES. — *Réponse à l'adresse de M. Le Picquier à ses concitoyens.* — Lech.

 » *Réponse au mémoire de M. Le Picquier.* — Lech.

An IV BAILLEUL (J. C.). — *Eloge funèbre de Joseph-Antoine-Joachim Cerutti.* — Coll. Seguin.

 » BAILLEUL (J.-C.). — *Les sottises du moment, comédie.* — Coll. Seguin.

1792 *Réfutation pour les registres des douanes nationales.* — Lech.

[1793] *Observations adressées à MM. les Administrateurs du département de la Seine-Inférieure.* — Coll. Seguin.

1793 *La Convention nationale. Acte constitutionnel.* — B. M.

 » TRUPEL (J.). — *Fête civique célébrée au Havre-Marat.* — B. M.

1795 *Convention nationale. Acte constitutionnel.* — Arch. M.

 » *L'ordre social.* — B. M.

1795-96 LAIGNEL (J.-B.). — *Les études de l'ordre social pour le bonheur du peuple.* — Vente Touss.

An XI DECAULLE. — *Instruction détaillée sur les boussoles.* — Coll. Seguin.

An XIII *Essais sur les moyens pour rendre les observations de la hauteur du soleil indépendantes de l'horizon.* — B. M.

CHAPITRE PREMIER

Imprimerie F. Hue

(1829-1870)

*F. Hue (1829-1855). — Flambard (Louis) (1855-1859). — Flambard
frères (1859-1870). — F. Foucher (1857-1870).*

Hue obtint un brevet d'imprimeur en 1829 et installa son
établissement rue des Drapiers, n° 25; il le transféra d'abord,
en 1835, au n° 2 de la rue d'Estimauville (dans la cour), ensuite, en 1838, au n° 63 de la rue de Paris, puis en 1849 au n° 89
de la même rue.

En 1847, il entreprit la publication d'un journal commercial
qui prit le titre de : *Le Havre* et qui ne vécut guère qu'un an ou
deux. Un second journal, qu'il fit paraître en 1850, sous le
titre de : *Le Phare du Havre,* n'eut pas une existence plus longue.

Cet imprimeur, en débutant, avait installé un atelier de
lithographie, le premier qui fût au Havre. Il lui adjoignit,
onze ans plus tard, vers l'année 1841, une imprimerie typographique.

A sa mort, survenue en 1855, sa maison de commerce se
trouva partagée entre Flambard et F. Foucher; le premier
acheta la typographie en 1855, le second, la lithographie en
1857.

Des presses de Hue sont sortis :

1829 Morlent (J.). – *Guide du voyageur au Havre.* — Coll. Seguin.
  » *Une Société de marins.* Le Navigateur, *journal des naufragés.* — B. M.
[1840] *Plan d'alignement de la ville du Havre* (1 f^lle). — Lech.
1840 Ansiaux (N.). — *Satires et poésies diverses.* — Coll. Seguin.
1842 *Sauvetage du navire* Le Télémaque, *naufragé en Seine en 1790.* — Coll. Se-
     guin.
  » (Le même, en anglais). — Coll. Seguin.

1843 *Le conducteur de l'étranger au Havre et dans son arrondissement.* — Lech.
1845 Delaporte (J.-J.) — *Poème sur le Musée-Bibliothèque du Havre.* — Coll. Seguin.
1846 Amouroux (L.). — *Poésies.* — Coll. Seguin.
[1852] *Album maritime du Havre et des ports environnants.* — Lech.
1853 *Règlement de l'octroi du Havre.* — Lech.
1855 Renaud et Chatonay. — *Améliorations du port du Havre, etc.* — Lech.

Louis Flambard. — En 1855, à la mort de Hue, Flambard lui succéda dans le fonds d'imprimeur en lettres; on désignait ainsi à cette époque la typographie, sans doute pour la distinguer de l'imprimerie sur pierre ou lithographie. En 1857, il transféra ses ateliers au n° 30 de la rue de la Communauté. Il s'associa avec son frère vers 1859; sous la raison sociale **Flambard frères**, ils vinrent s'établir place Richelieu, n° 1. En 1868, ils s'installèrent rue de la Comédie, n° 4.

Cette imprimerie, aujourd'hui encore existante, appartient à **M. H. Micaux.**

Des presses de L. Flambard sont sortis :

1857 Chapelle (G.). — *The ship's master's assistant in the port of Havre.* — Lech.
1859 Thuillier (E.). — *Photographies d'un port de mer.* — Coll. Seguin.
1862 *Guide du commerce pour les opérations relatives à l'octroi.* — Lech.
1869 *Tarif de l'octroi du Havre.* — Lech.
  » Platel (E.). — *Ville du Havre. Séries de prix.* — Lech.
1870 Croisier (L.). — *Les droits d'octroi envisagés au point de vue des classes ouvrières.* — Lech.

F. Foucher prit, en 1857, l'atelier de lithographie de Hue. Il resta rue de Paris, n° 89, où nous le trouvons encore en 1870.

Cette maison a disparu depuis.

Des presses de F. Foucher sont sortis :

1858 Oursel. — *Rapport sur l'utilité d'une nouvelle entrée au port du Havre.* — Lech.
1859 Coninck (F. de). — *Réponse relativement aux rues du Prince-Eugène et Côte-Morisse.* — Lech.

CHAPITRE II

Imprimerie Cercelet

(1830-1835)

Un brevet d'imprimeur fut délivré, en 1830, à un nommé **Cercelet** qui, s'étant installé d'abord rue de l'Hôpital, n° 36, se transporta plus tard rue de Paris, n° 37.

Cercelet publia, en 1832, un journal qui avait pour titre *L'Estafette du Havre* et n'eut qu'une existence éphémère. Cette maison ferma en 1835.

Des presses de Cercelet sont sortis :

s. d. LECHEVREL (J.-R.). — *A MM. les Membres du Conseil municipal de Montivilliers.* — Lech.

» CARTIER. — *Notes statistiques sur l'arrondissement du Havre.* — Coll. Seguin.

[1830] *Grandes nouvelles extraordinaires « La Charte, etc. ».* — Coll. Seguin.

» *Trait de bienfaisance de Louis-Philippe I⁰ʳ.* — Coll. Seguin.

1830 LESUEUR (L.). — *Le Voyageur et le Vieillard.* — Coll. Seguin.

» SAINT-GENIS (F. DE). — *Emancipation politique et commerciale des colonies françaises.* — B. M.

1832 *Règlement du service ordinaire des revues et des exercices de la Garde Nationale.* — Coll. Seguin.

» TORRACHINI. — *Grammaire des demoiselles.* — B. M.

1833 VASTEL. — *Notice historique sur l'ancienne et la nouvelle chapelle de Notre-Dame-de-Grâce.* — Coll. Seguin.

1834 FORT-MEU (J.-B.). — *Dialogues dramatiques et album.* — Coll. Seguin.

CHAPITRE III

Imprimerie Le Normand de l'Osier

(1832-1870)

Louis-Jules Le Normand de l'Osier (1832-1861). — Veuve Le Normand de l'Osier (1861-1862). — Albert Mignot (1862-1870).

Louis-Jules Le Normand de l'Osier obtint un brevet d'imprimeur lithographe en 1832. Il s'établit au n° 37 de la rue de l'Hôpital (rue Bazan actuelle). En 1841, il prit un brevet d'imprimeur en caractères.

Il imprima de 1842 à 1847 pour J. Morlent, son journal *La Revue du Havre*.

Il mourut en 1861.

De cette imprimerie sont sortis :

s. d. *Lettre à M. le ministre de l'agriculture.* — Lech.

» Conseil municipal du Havre. — *Rapport sur le projet de réunion au Havre du bassin Vauban.* — Lech.

» Ecole préparatoire industrielle du Havre. — *Palmarès.* — Lech.

An IV BAILLEUL (J.-C.). — *Les sottises du moment*, comédie. — Coll. Seguin.

1833 LEMARCIS. — *Observations sur le plan du Havre.* — Lech.

1838 *Rapport des travaux de la Commission de l'agrandissement de la ville et du port du Havre.* — Lech.

1841 LEMARCIS. — *Mémoire sur les projets d'agrandissement du port et de la ville du Havre.* — Lech.

[1841] RENAUD (A.). — *Description de trois projets relatifs à l'agrandissement du port et de la ville du Havre.* — Lech.

[1842] *Mémorial des régates du Havre depuis leur fondation.* — Lech.

1842 *Tracé du chemin de fer du Havre à Rouen.* — Lech.

1843-44 TOUSSAINT (V.) et DELANGE. — *Jurisprudence du tribunal de Commerce du Havre.* — Lech.

1844 ANCELOT et CASIMIR DELAVIGNE. — *Deux discours d'inauguration du théâtre du Havre.* — Coll. Seguin.

1845 THOMAS. — *Les prisonniers de guerre ou la flotte en jupons.* — Coll. Seguin.

1850 *Mémoire des pilotes de la station de Quillebeuf.* — Lech.

» Chambre de Commerce du Havre — *Réponse à la circulaire du ministre de l'agriculture et du commerce relative aux caisses de secours et de retenues en faveur de la classe ouvrière.* — Lech.

1851 *Délibérations du Conseil mixte municipal.* — Lech.

[1853] *Rapport de la Commission d'études d'une communication de la Pointe-à-Pitre.* — Lech.

1853 *Lettre à M. le Ministre du commerce relative au tarif des douanes.* — Lech.

» *Affaire Demondésir et Cᵉ contre la ville du Havre.* — Lech.

1854 *Lettre adressée à M. le ministre du commerce relative à l'imposition des sucres.* — Lech.

» *Cercle pratique d'horticulture et de botanique.* — Lech.

1855 JARDIN (J.-B.). — *Observations sur l'agrandissement du port.* — Lech.

1857 *Fragment du plan de la ville du Havre.* — Lech.

[1857] BROUARD (J.-F.). — *Diminue-voile breveté s. g. d. g.* — Lech.

1860 *Exposition générale et publique de légumes.* — Lech.

La **Veuve Le Normand de l'Osier** continua le commerce d'imprimerie environ un an, puis le céda à son gendre, Albert Mignot.

Albert Mignot. — En 1862, Albert Mignot, rédacteur au *Courrier du Havre*, épousa Mˡˡᵉ Le Normand de l'Osier et prit la suite des affaires de sa belle-mère. Cette même année, il publie le *Journal de l'Arrondissement du Havre*, qu'imprimait auparavant Roquencourt. En 1868, il lance le journal *Le Havrais* qui ne tarda pas à suspendre sa publication. Il avait transféré sa maison au n° 16 de la rue de l'Hôpital. Elle existait encore en 1870.

Des presses de A. Mignot sont sortis :

s. d. V. Toussaint. — *L'archevêque de Rouen et les écoles du Havre en 1761.* — Coll. Seguin.

1860 Lahure (E.).— *Redressement de la yole de la Chambre de Commerce.*—Lech.

1863 Samson (Jules). — *La Vierge de Graville.* Récit inédit. — Coll. Seguin.

» Dousseau (Alph.). — *Un monstre d'album ou zigzags et grimperies d'un touriste havrais.* - Coll. Seguin

» *** (comte de).— *L'élixir du bénédictin*, légende de l'abbaye de Fécamp. — Lech.

1864 Dousseau (A.). — *Le nouveau Havre*, pochade en vers. — Coll. Seguin.

» Péricaud (L.) et G. Richard. — *Le diable au Havre*, grande revue-féerie. — Coll. Seguin.

1865 Michel (Joachim). — *Notice sur le port de Fécamp.* — Coll. Seguin.

» Vesque (Ch.) — *Notice sur la citadelle du Havre.* — Coll. Seguin.

» Vesque (Ch.)—*L'ancien collège du Havre (de 1579 à 1865), etc.*—Coll. Seguin.

» Vesque (Ch.). — *L'ancien Hôtel de Ville du Havre.* — Coll. Seguin.

» Dousseau (Alphonse). — *Le 4 Février* (fantaisie par un mastodonte fossile). — — Coll. Seguin.

» Maire (J.) et A. Dousseau. - *Correspondance de personnages antédiluviens.* — Coll. Seguin.

[1865] Lahure (E.). — *Réclamations contre l'adoption des bateaux de sauvetage système J. Peake.* — Lech.

1867 Dousseau. — *Harmonie et Charité*, rimes. — Coll. Seguin.

» Vesque (Ch.). — *Notices sur quelques enfants du Havre* (noms à donner aux rues du Havre). — Coll. Seguin.

1868 *L'exposition maritime. Havre-Exhibition.* — Coll. Seguin.

1870 Dousseau (Alph.). — *Le 5 Février.* Fantaisie sur le bal de bienfaisance. — Coll. Seguin.

» Mouttet (E.). — *Défense du Havre, chef de Caux, chef de France.* — Lech.

CHAPITRE IV

Imprimerie Joseph Morlent

(1833-1870)

Joseph Morlent (1833-1841). — Lamy (1841-1852). — Théophile Lepelletier (1852-1870).

Joseph Morlent, né à Beaune (Côte-d'Or), le 24 février 1793. M. Blanadet, dans sa *Bibliographie de Joseph Morlent*, donne, dans une courte notice qu'il qualifie de bibliographique et qui n'est que biographique, l'acte de naissance de Morlent, d'après Louis Fournier. Le nom de Morlent est orthographié *Mor-*

lant par l'officier public Cusson, chaque fois qu'il se présente dans l'acte, alors que les signatures de son père et de son grand-père sont Morlent. Il débute dans les douanes de notre ville vers 1822. En septembre 1830, il adresse une lettre au Roi qu'il rend publique à Paris sous ce titre : *Au Roi, sur l'administration des Douanes, Première lettre.* Il n'en écrivit sans doute pas une seconde sur le même sujet, puisqu'il fut révoqué.

En 1833, il fonde une imprimerie et une librairie sous les Arcades, passage Fouache (actuellement café Tortoni), place Gambetta.

Détail curieux, son brevet, nous a-t-on dit, porte la signature de M. Thiers, son camarade de collège.

En 1840, nous le trouvons établi rue Caroline, n° 28 (rue Racine actuelle).

Son œuvre littéraire est relativement considérable. Ecrivain distingué, il a publié sur le Havre et son arrondissement des ouvrages importants et divers. On peut en juger par la liste que nous en donnons par ordre d'apparition (1) :

François Ier *à Graville*, opéra-comique en un acte en collaboration avec A. Morisse. Musique de M. Coste. 1824.

Le Havre ancien et moderne et ses environs. 1825.

Voyage historique et pittoresque sur la Seine du Havre à Rouen, etc. 1826. Cet ouvrage, revu, corrigé et augmenté, eut 5 éditions.

Guide du voyageur au Havre. 1827. Trois éditions parurent de ce guide.

Souvenirs pittoresques du Havre et de ses environs. s. d. [1833].

Promenade maritime du Havre à Caen. 1838.

Promenade maritime du Havre à Cherbourg. 1838.

Keepsake Normand. 1840.

Le Havre et son arrondissement. 1840.

Album du voyageur au Havre et aux environs. s. d. [1841].

Promenade maritime du Havre à Morlaix et aux environs. s. d. [1841].

Le Havre, Dieppe et leurs environs. 1841.

Dictionnaire géographique, etc., *de l'arrondissement du Havre.* 1842.

Esquisses biographiques. 1844.

Notice sur Casimir Delavigne. s. d. [1846].

Mémoires de la Fondation et origine de la Ville Françoise de Grâce. 1847.

---

(1) Cette liste est extraite de la *Bibliographie de J. Morlent,* par M. Blanadet 1893.

Le Chemin de fer du Havre à Rouen et à Paris. 1847.
Le Havre en miniature. 1850.
Dicquemare. 1850.
Nouveau guide du voyageur au Havre. s. d. [1853].
Ancelot devant ses concitoyens. 1855.
Tragique épisode de l'histoire du Havre au XVI siècle. Les Trois
  Raoulin.* 1857.
Le Havre. Guide du touriste, etc. 1860.
Le Cap de la Hève, Eva de Vilanval. s. d. [1861].
L'Abbaye et le Château de Graville, s. d. [1864].

On peut juger, par l'énumération rapide que nous venons de faire de quelques-unes de ses œuvres, quelle activité de production possédait J. Morlent.

La plupart de ces ouvrages sont accompagnés de lithographies, de gravures hors texte, de plans et de cartes qui leur donnent un attrait inusité et en font de précieux documents sur l'histoire du Havre à cette époque.

Il exécuta quelques-uns d'entre eux dans son imprimerie ; nous en donnons la liste à la fin de ce chapitre.

Actif comme il était, Morlent ne pouvait manquer d'avoir un journal chez lui. Il en eut même plusieurs.

En 1839, il imprimait *Le Carillon,* journal littéraire qui ne vécut qu'un an.

Il publiait, du reste, depuis 1833, *La Revue du Havre* qui lui appartenait. Ce journal eut une existence aussi accidentée que son propriétaire. En 1832, elle s'appelait : *Le Dimanche,* journal non politique ; son premier numéro porte la date du 27 janvier 1833 ; dès le 28 juillet suivant, elle prit le titre de : *Revue du Havre, journal du Dimanche, littéraire, maritime et commercial.* Après diverses modifications dans ses sous-titres, elle parut le 1er janvier 1853 sous le titre principal de *Revue du Havre illustrée.* Sa périodicité ne subit pas de moins fréquentes variations. Publiée pendant longtemps le dimanche seulement, elle parut ensuite le dimanche et le jeudi, puis le dimanche et le mercredi. Son humeur vagabonde la promena d'imprimerie en imprimerie : fixée à l'origine chez Stanislas Faure, elle le fut ensuite de 1834 à 1841 chez Morlent même, ce qui s'explique par sa nouvelle situation d'imprimeur ; puis de 1842 à 1847, chez Le Normand de l'Osier ; en 1848 et 1849, chez Prud'homme; en 1850 et 1851, chez Lamy; enfin, en 1852, chez Lepelletier, où s'opéra sa transformation en journal illustré. Ses pérégrinations la menèrent jusqu'à Paris et, en 1846, nous la voyons temporairement tirée chez Boulé, rue du Coq-Héron, n° 3.

Son format et son papier subirent, au milieu de toutes ces péripéties, de fréquentes modifications ; elle appartint pendant quelque temps à une société par actions ; mais en dépit des incidents de toute sorte qui marquèrent les dix-neuf années de son existence, la *Revue du Havre* fut en grande faveur auprès du public. La collection que possède notre Bibliothèque municipale, malheureusement incomplète, fournit des renseignements intéressants sur l'histoire anecdotique de notre ville. Il est regrettable que Marcelin Blanadet, dans l'étude très consciencieuse qu'il a publiée sous le titre de : *Bibliographie de J. Morlent*, n'ait pas cru devoir s'occuper de sa *Revue du Havre*. Morlent se révèle tout entier dans ce journal sous son triple aspect d'écrivain, d'imprimeur et d'éditeur, et l'histoire de la *Revue du Havre* eût pu fournir la matière d'un travail éminemment intéressant.

Léon Buquet, qui venait de fonder le *Courrier du Havre*, en confia, en 1839, l'impression à Morlent qui la garda jusqu'au 31 décembre 1840.

Avec un tempérament comme le sien, Morlent ne devait pas rester longtemps dans la même sphère. En 1841, il cédait son établissement à Lamy.

En 1847, il était nommé bibliothécaire-adjoint de la ville du Havre, et en 1851, il passait bibliothécaire. En outre, il était archiviste de la ville.

Morlent mourut en 1861. Notre Société havraise d'Etudes diverses, dont il était membre, fut représentée à ses obsèques par son président, M. Millet-Saint-Pierre.

Des presses de Morlent sont sortis :

s. d. LAHURE (E.). — *Quelques idées sur les paquebots à vapeur entre le Havre et New-York.* — B. M.
  » MORLENT (J.). — *Le Havre ancien et moderne et ses environs.* — B. M.
  » MORLENT (J.). — *Précis de l'histoire de Normandie.* — B. M.
1833 LECOMTE (Jules). — *Pratique de la pêche à la baleine.* — Coll. Seguin.
[1833] MORLENT (J.). — *Souvenirs historiques du Havre et de ses environs.* — Coll. Leleu.

1834 Société havraise d'Etudes diverses. — *Recueil des publications et comptes-rendus des travaux* (1er volume). — B. M.

» **Baltazard**. — Société havraise d'Etudes diverses.' — *Compte-rendu des travaux de la première année.* — B. M.

» **Félice** (G.-D.), pasteur. — *Discours.* — Lech.

» *Projet d'agrandissement de la ville et du port du Havre.* — Lech.

» *Réponse à la réfutation du projet de M. Le Berrier.* — Lech.

» **Platel** père. — *Projet d'un quatrième bassin au nord de la ville du Havre.* — Lech.

1835 **Isabelle** (A.). — *Considérations sur l'état du commerce français à l'extérieur.* — B. M.

» **Morlent** (J.). — *Guide du voyageur au Havre.* — Coll. Seguin.

» [**Courval de Bonnechose**]. — *Un rendez-vous à Orcher*, comédie-vaudeville. — Coll. Seguin.

[**1835**] **Mouls** (Ch.). — *Grammaire française.* — Coll. Seguin.

1836 **Thomas** (P.-P.-U.). — *Du Havre à Honfleur.* — Coll. Seguin.

» **Germain** (H.). — *Pilote médical* ou manuel de santé. — Coll. Seguin.

» **Le Petit**. — *Le 14 Mars 1814*, comédie, épisode en 2 actes. — Coll. Seguin.

1837 **Morlent** (J.). — *Promenade maritime du Havre à Caen.* — Coll. Seguin.

» **M. M***. — *Le petit Cagliostro*, vaudeville. — Coll. Seguin.

1838 **Dégénétais** (V.). — *Mémoire sur l'extension du port et de la ville du Havre.* — Coll. Seguin.

» *De la plage comprise entre la jetée N.-O. et la Hève et de sa défense.* — Coll. Seguin.

» **Toussaint** (V.). — *Lettres sur l'agrandissement de la ville du Havre.* — B.M.

» **Lenoble** (A.). — *La Rapinéide ou l'Atelier*, poème burlesque. — Coll. Seguin.

» **J. Morlent**. — *Promenade maritime du Havre à Cherbourg.* — Coll. Seguin.

1839 **Cochet** (abbé). — *Etretat et ses environs.* — Coll. Seguin.

1840 **Buquet** (Léon). — *Normandie poétique.* Voyage sur la Seine. — Coll. Seguin.

» **Bernard** (général). — *Louis Joseph ou le jeune ouvrier.* — Coll. Seguin.

» **Dauvergne** (A.) et E. **Bourgeois**. — *Raulin* (chronique havraise), drame. — Coll. Seguin.

» **Morlent** (J.). — *Keepsake normand.* Le Havre et ses environs. — Coll. Seguin.

» **Cochet** (abbé). — *Essai historique et descriptif sur l'abbaye de Graville.* — Coll. Seguin.

[**1851**] *Promenade maritime du Havre à Morlaix.* — Coll. Seguin.

1842 **Morlent** (J.). — *Dictionnaire géographique, hist., indust., statist. et archéol. de l'arr. du Havre.* — Coll. Seguin.

» **Morlent** (J.). — *Le Havre, Dieppe et leurs environs.* — Lech.

Lamy. — Lamy resta quatre ans au n° 28 de la rue Caroline. En 1845, il transporta son imprimerie au n° 6 de la même rue. Il ne semble pas que le successeur de Morlent ait joui de la faveur des ordres de celui-ci comme imprimeur. Si nous parcourons sa bibliographie, nous n'y trouvons aucun ouvrage portant le nom de Lamy.

Toutefois, le journal *La Revue du Havre*, que Morlent devait confier successivement à d'autres imprimeurs après avoir cédé son fonds, en 1841, revint chez Lamy en 1850. Lorsque Lamy vendit son imprimerie en 1851, il s'y trouvait encore.

En 1845, la publication du *Colibri*, journal de spectacle, se fit chez Lamy. Mais cette feuille disparut en 1848.

Cette même année 1845, *Le Moniteur du Havre*, journal industriel, fit son apparition dans les ateliers de la rue Caroline, mais pour mourir presque aussitôt.

Des presses de Lamy sont sortis :

s. d. *Profession de foi du citoyen Pausanias Schumacher.* — Coll Seguin.
1843 Lemétheyer (Le Chevalier). — *Dictionnaire moderne des termes de marine.* — Coll. Seguin.
» Billard (G.) et Farcy (S.). — *Le tremblement de terre de la Guadeloupe.* — Coll. Seguin.
1844 Caumont (V.). — *Tigresse Culottin ou l'exagération de la vertu*, tragédie. — Coll. Seguin.
1845 Caumont (V.). — *Les entrepôts du frère Joseph*, lettres. — Coll. Seguin.

Théophile Lepelletier. — Lamy se retira en 1851. Théophile Lepelletier prit un brevet le 20 avril 1852 et s'installa dans le fonds de Lamy qu'il avait acheté. En 1857, il transféra son matériel rue Dicquemare, n° 11, et en 1867, rue Séry, n° 47.

Il arriva à T. Lepelletier une aventure typique qui montre sous un jour étrange l'état d'esprit des fonctionnaires du régime existant, et comment ils se comportaient vis-à-vis des imprimeurs à cette époque. C'était sous le troisième Empire, alors en pleine prospérité. Au 15 août avait lieu la fête officielle et nationale : Une année, Lepelletier, soit par oubli, soit par protestation, n'arbora pas son drapeau. L'année suivante, quelque temps avant le 15 août, on vint le trouver — de la sous-préfecture, nous a-t-on dit. — On lui fit observer que l'on avait remarqué que l'année précédente il n'avait pas pavoisé le jour de la fête de l'Empereur. On ajouta que l'on serait très désireux que cela ne se renouvelât pas et on termina en le priant, d'un ton quelque peu comminatoire, de ne pas oublier cette année d'arborer le drapeau national au 15 août.

Cet incident est typique et n'étonnera plus lorsqu'on saura que la Presse était, à cette époque, tenue en suspicion continuelle et espionnée sans relâche.

T. Lepelletier imprima, en 1853, un journal ayant pour titre :
La Chronique Littéraire ; il disparut en 1854.

Cette maison vient de disparaître : Notre ami, M. Georges
Lepelletier, fils de M. Th. Lepelletier auquel il succéda en 1898,
ayant vendu, en 1903, son matériel à un marchand d'ustensiles
d'imprimerie.

Des presses de T. Lepelletier sont sortis :

1854 *Le génie militaire*, direction du Havre. — B. M.
1855 Lecadre (Dr A.). — *Notice biographique sur Frissard*. – Coll. Seguin.
1857 Mucih. — *Du Havre par monts et par vaux*. – Lech.
» Fort-Meu (J.-B.). — *Main-courante*, poésies. — Coll. Seguin.
1858 *A propos de la révocation de M. Brunet-Debaines*, architecte. — Coll. Se-
     guin.
1859 Bailliard (J.). — *Dictionnaire de géogr. hist. de l'arr. du Havre*. – Lech.
1860 Lecadre (Dr). — *Rapport sur les épidémies qui ont régné au Havre*.—Lech.
» Leleu (Alph.). — *Table indiquant les frets anglais*. — Coll. Seguin.
[1861] Dégénétais (V.). — *Amélioration du port du Havre*. — Lech.
1861 Villers (Durand de). — *Devis général des ouvrages militaires*. — Lech.
» Farre. — *Bordereau des prix des ouvrages militaires*. — Lech.
1862 Duboc fils (E.). — *Études littéraires et philosophiques sur la musique*. —
     Coll. Seguin.
» Lecomte (abbé). — *Notice sur la grosse tour du Havre* (tour François Ier). —
     Coll. Seguin.
» Houdetot (Ad.). — *Nouveau porte-amarre*. — Coll. Seguin.
» Noirfontaine (Bodson de). — *Nouveau système de défense du Havre*.—Lech.
1863 Lecadre (Dr). — *Le choléra morbus au Havre en 1832*. — Lech.
» Caumont (A.). — *Cours de droit économique*. — Coll. Seguin
» Le Roy de Bonneville (C.-M.). — *Étude biographique et litt. sur Cousin de
     Grainville*. — Coll. Seguin.
1864 Maze. — *Réfutation sur le Jésus populaire de M. Renan*. — Coll. Seguin.
» Houdetot (Ad.). — *Canon porte-amarre à rayures-fente*. — Coll. Seguin.
1866 *Des quarantaines*. — Lech.
1868 Lecadre (Dr). — *Étude comparative*. — *Broussais et Laënnec*. — Coll. Seguin.
[1868] Dureau (A.). — *Les Raoulin*, drame. — Coll. Seguin.
1868 Dureau (A.). — *Lorenzo*, comédie. — Coll. Seguin.
» Poret (Jules). — *Voyage scientifique autour de l'aquarium*. — Coll. Seguin.

CHAPITRE V

Imprimerie Le Petit

(1838-1870)

Le Petit (1838-1844). — *Gaffney* (1844-1845). — *Roquencourt* (1846-
1862). — *Brière et Cⁱᵉ* (1862-1864). — *Foucher jeune* (1864-1870).

Le Petit. — A Ingouville (1), qui ne possédait pas encore

---

(1) Ingouville, commune suburbaine, fut réunie au Havre en 1852.

d'imprimerie, s'ouvrit, en 1838, Grande-Rue, n° 64, l'imprimerie Le Petit.

La même année, Le Petit fondait *L'Arrondissement du Havre*, qui existait encore en 1870, chez Albert Mignot.

En 1839, *Le Furet*, et en 1841, *Le Courrier d'Ingouville*, journaux littéraires, le premier fondé par Gaffney et le second par Aug. Autin, furent également imprimés chez Le Petit.

Le Courrier d'Ingouville donna les *Mystères du Havre*, feuilleton qui fit quelque bruit dans cette ville, lors de sa publication.

Le Furet vécut jusqu'en 1848; *Le Courrier* avait cessé d'exister quelque temps auparavant.

Vers 1847, un nouvel organe : *Le Journal du Dimanche*, fit son apparition chez Le Petit; l'année suivante, il suspendait sa publication.

Le Petit, qui était à la fois imprimeur en caractères et libraire, — comme, du reste, les Lemale, les Costey — en 1844, gardant seulement sa librairie, céda son imprimerie à Gaffney. La librairie se trouvait sur la Grande-Rue, au rez-de-chaussée du n° 42, et l'imprimerie dans la cour.

En 1846, tout en conservant sa librairie de la Grande-Rue, Le Petit établit une lithographie et autographie chaussée d'Ingouville, n° 8. Cet établissement ne dut guère prospérer, car trois ans plus tard il disparaissait. En 1846, il publia dans cette nouvelle maison le *Moniteur du Dimanche*, qui ne vécut que deux ans, jusqu'en 1848.

Le Petit ne manquait pas d'érudition : il publia divers travaux qui lui valurent plusieurs récompenses de la Société d'Emulation de Rouen. Il fut capitaine des sapeurs-pompiers d'Ingouville. Il mourut le 24 janvier 1862, à l'âge de 73 ans.

Des presses de Le Petit sont sortis :

[1839] Liberge (G.-F.). — *Ephémérides havraises, de 1796 à 1839.* — Vente Touss.

1839 Dégénétais (V.). — *Examen des résultats à espérer du chemin de fer de Paris à la mer.* — Lech.

[1840] Réville (A.). — *La veille d'une distribution de prix.* — Coll. Seguin.

 » Cochet (A.). — *Rapport sur l'établissement d'une société charitable de St-François-Régis au Havre.* — Coll. Seguin.

1840 Nel (Dr). — *Voyage et désordres à bord du navire baleinier* Albatros. — Coll. Seguin.

 » Cochet (A.). — *Histoire communale de Criquetot-l'Esneval.* — Coll. Seguin.

 » Cochet (A.). — *Histoire communale du Tilleul.* — Coll. Seguin.

 » Banville (A.-J.). — *Réfutation critique et judicieuse.* — Coll. Seguin.

1841 Cochet (A.). — *Compte-rendu Société St-François-Régis.* — Coll. Seguin.
  » Le Tellier. — *Recherches historiques sur la Ville d'Harfleur.* — Lech.
  » *Almanach d'Ingouville et de l'arrondissement du Havre.* — Coll. Seguin.
  » Gaffney (B.). — *Voyage du Havre à Morlaix et à Carhaix.* — Coll. Seguin.
[1842] Gaffney (G.-I.). — *Le retour de Schumacker, revue Havraise.* — Coll. Seguin.
  » *Aventures de Télémaque par sir O'Karrott.* — Coll. Seguin.
1848 Fisquet (H.). — *Discours de réouverture du théâtre du Havre.* — Coll. Seguin.

Le successeur de Le Petit, **Gaffney**, était un écrivain de valeur. Polémiste ardent, il eut maille à partir avec la justice, notamment pour le procès que lui intenta, en 1845, le directeur du Théâtre du Havre. Dans une brochure intitulée : *Compte-rendu du procès intenté par M. Provence*, il présente sa défense en vers; il débute en ces termes :

Messieurs,

> Je vivais sans procès depuis bientôt… un mois!
> Quand, voilà quinze jours, sur ma table je vois
> Certain papier timbré qui, d'un style barbare,
> M'invite à comparaître encore à votre barre.

Cette citation vous donne une idée de ce que dut être la suite et vous laisse à penser si l'accusé, journaliste à la verve caustique, eut un énorme succès, aussi bien vis-à-vis de ses juges que du public.

Peu fait pour une profession qu'il ne connaissait que très imparfaitement, après dix-huit mois d'exploitation, il cédait sa maison à Roquencourt.

Il fut pendant quelque temps reporter au *Journal du Havre.*

Quelques imprimés exécutés dans cette maison portent Gaffney frères; les autres simplement Gaffney. Nous ignorons combien de temps dura cette association des deux frères.

Des presses de Gaffney sont sortis :

1844-46 Cochet (abbé). — *Les églises de l'arrondissement du Havre.* — Coll. Seguin.
1844 Jacob (H.). — *Le songe d'Abd-el-Kader.* — Coll. Seguin.
1845 Gaffney (F.). — *Compte-rendu du procès intenté par M. Provence.* — Coll. Seguin.

Roquencourt, titulaire du brevet de l'imprimerie d'Ingouville que venait de lui céder Gaffney, n'était, nous a-t-on assuré, qu'un prête-nom ; cette maison aurait été achetée par Lenormand de l'Osier, imprimeur au Havre, qui, dans l'impossibilité manifeste d'être titulaire de deux brevets d'imprimeur en lettres, aurait placé Roquencourt à la tête de l'imprimerie de Gaffney. Nous ne savons ce qu'a de vrai pareille assertion ; toutefois, l'incident suivant, survenu en 1862, pourrait lui donner un semblant d'exactitude : *L'Arrondissement du Havre*, qui s'imprimait chez Roquencourt à cette époque, alla chez Mignot, gendre de Le Normand de l'Osier. Il y a lieu de croire que, par suite de la mort de cet imprimeur, sa veuve vendit la maison d'Ingouville et, d'accord avec son gendre et successeur, dut conserver seulement le journal.

En 1862, Roquencourt quittait les ateliers de la Grande-Rue, n° 36, pour s'établir au n° 37 de la rue Joinville. La même année, la société Brière et C⁰ avait pris possession de cette maison.

Ce nouvel établissement de **Roquencourt** semble donner raison à la qualité de prête-nom qu'on lui a octroyée. La maison vendue, il était libre et, titulaire d'un brevet, connu comme il était, il s'établissait pour son propre compte à deux pas de son ancienne maison, ce qu'il n'eût certes pas pu faire s'il en avait été le propriétaire. Nous le retrouverons plus loin.

Des presses de Roquencourt sont sortis :

1844 LÉGAL (Dʳ). — *De la nécessité d'établir un courant d'eau dans le canal Vauban.* — Lech.

1845 LÉGAL (Dʳ). — *Essai sur les fièvres intermittentes.* — Coll. Seguin.

1847 VIAU (R.). — *Chemin de fer du Havre à Rouen.* — Coll. Seguin.

1849 *La Californie telle qu'elle est.* — Coll. Seguin.

» FLEURY (V.). — *De l'agrandissement du Havre.* — Lech.

1852 LECHEVALLIER (P.-L.-A.). — *Mémoire concernant la natation dans les armées.* — Coll. Seguin.

[1853] URBAN et H. LANGLOIS. — *Lanterne fantastique.* — Coll. Seguin.

1854 Ville du Havre. — *Règlement des sapeurs-pompiers.* — Lech.

1856 VESQUE (Ch.). — *Notice historique sur les fortifications du Havre.* — Coll. Seguin.

1857 VESQUE (Ch.). — *Étude historique sur Montivilliers.* — Coll. Seguin.

[1857] JARDIN (J.-B.). — *Résumé des observations, études et travaux faits sur le port du Havre.* — Lech.

1858 Ville du Havre. — *Voirie urbaine. Règlement sur les constructions.* — Lech.

» JARDIN (J.-B.). — *Observations exposées sur un projet d'entrée du port.* — Lech.

1860 *Règlement sanitaire pour le port.* — Lech.

1861 LE BERQUIN (J.). — *Note pour M. Paul de Boishébert, etc.* — Coll. Seguin.

Brière et Ce. — Une société en commandite, créée en 1862, par Brière, s'installa Grande-Rue, n° 36, aux lieu et place de Roquencourt. Elle n'exista que deux ans.

Des presses de Brière et C^a est sorti :

1863 Berryer. — *Accusation de traite*, plaidoirie. — Coll. Seguin.

En 1864, **Foucher jeune** succéda à Brière et C°. Cette maison est actuellement la propriété de M. Lecourcy.

Des presses de Foucher jeune est sorti :

1866 Delaporte (J.-J.). — *Lamentations d'un vieux Havrais*, poème. — Coll. Seguin.

CHAPITRE VI

Imprimerie H. Bret

(1839-1870)

H. Bret obtint, le 18 mars 1839, un brevet d'imprimeur lithographe et installa un modeste atelier au n° 86 de la rue de Paris ; il le transféra au n° 2 de la rue de l'Arsenal. Il imprima les dessins et caricatures des journaux satiriques, notamment dans le *Courrier d'Ingouville*, d'Autin. Il exerçait encore en 1870.

CHAPITRE VII

Imprimerie Léon Buquet

(1840-1870)

Léon Buquet (1840-1841). — Labottière (1841-1844). — Carpentier et C^a (1844-1870).

Léon Buquet, le poète havrais, créa, en 1840, une imprimerie au Havre, rue Beauverger, n° 2. Il en confia la direction à **M. Labottière.**

La création de cette imprimerie avait en vue l'impression du journal *Le Courrier du Havre*, que Léon Buquet avait fondé en 1839. Ce journal fut d'abord imprimé par J. Morlent, chez lequel il resta jusqu'à la fin de l'année 1840. Son premier numéro est daté du 23 décembre 1839.

Le 1ᵉʳ janvier 1841, ce journal fut tiré par l'imprimerie Léon Buquet.

Le 13 avril 1844, une société en commandite par actions se constitua au capital de 100,000 fr., sous la raison sociale *Carpentier et Cᵉ*. Le premier numéro du *Courrier du Havre*, publié pour le compte de la nouvelle société, porte la date du 13 mai 1844. L'imprimerie de Léon Buquet avait été achetée par cette société.

Diverses manifestations eurent lieu devant les bureaux du *Courrier*. En 1848, la foule vint crier : « Vive la République ! Vive la réforme ! A bas Guizot ! » De même en 1869, à l'élection de Jules Le Cesne, et lors du plébiscite.

Nous ne pouvons terminer cette monographie de l'imprimerie Léon Buquet sans parler de son fondateur d'une façon plus étendue.

Léon Buquet, né au Havre le 12 mai 1808, mort en 1840, a laissé une œuvre littéraire assez considérable : *Les Miscellanées, La Normandie Poétique, David Rizzio, Le Cadet de Gascogne, La Morte*, etc. Ce poète, atteint de phtisie pulmonaire, dut quitter Paris au moment où la gloire commençait à tendre vers lui ses lauriers, pour revenir au Havre. Son œuvre simple et sans prétention est pleine de charme et de fraîcheur.

Des presses de Labottière sont sortis :

1842 Toussaint (V.-A.). — *Notice historique sur l'ancien Hôtel de Ville du Havre.* — Coll. Seguin.
1843 Toussaint (V.) et Delange. — *Jurisprudence du Tribunal de Commerce du Havre.* — Lech.
1844 Toussaint (V.). — *Manuel des propriétaires et locataires.* — Coll. Seguin.

Carpentier et Cᵉ. — Entrée en possession de l'imprimerie L. Buquet le 13 avril 1844, la Société Carpentier et Cᵉ, le 4 février 1847, augmenta le nombre de ses actions. M. Th. Le Chevalier, rédacteur en chef, en souscrivit quelques-unes. En février 1853, la société est prorogée pour dix années. En janvier 1863, nouvelle prorogation, mais cette fois pour 20 années. En 1871,

M. Labottière est nommé gérant du journal. M. Labottière avait fondé, en 1863, un journal satirique ayant pour titre : *Le Passe-Temps.*

Le Courrier du Havre, depuis la mort de M. Labottière, survenue en 1875, a pour gérant M. Brenier ; la nouvelle raison sociale fut d'abord *J. Brenier et Cᵉ*. En 1884, la fusion de la Société Brenier et Cᵒ avec Lemale et Cᵒ s'étant faite, la raison sociale fut alors *Lemale et Cᵉ*, et le domicile rue de la Bourse, nᵒ 3. En 1899, *Le Courrier du Havre* quitta les ateliers de la rue de la Bourse, et avec son matériel s'installa boulevard de Strasbourg, nᵒ 109, sous la raison sociale *J.-P. Brenier et Cᵒ*.

De l'imprimerie Carpentier et Cᵉ sont sortis :

1844 Ancelot. — *Discours (en vers) d'inauguration pour le théâtre du Havre.* — Coll. Seguin.

» *Règlement du Bureau de bienfaisance du Havre.* — Lech.

[1845] Lahure (E.). — *Notice sur un système d'embarcations insubmersibles.* — Coll. Seguin.

1845 Toussaint (V.). — *Lois et règlements du port du Havre.* — Coll. Seguin.

» Chandelier (A.). — *Revue des théâtres du Havre.* — Coll. Seguin.

1846 Chandelier (A.). — *Résumé de l'histoire du commerce et de l'industrie de la France.* — Lech.

» Bénard (abbé). — *Office de St-François-d'Assise.* — Coll. Seguin.

1849 Beauregard. — *État hygiénique de Graville-Ste-Honorine.* — Lech.

1850 Chandelier (A.). — *Mémoire adressé le 9 juillet 1850 à M. le Ministre.* — Coll. Seguin.

[1850] Morlent (J.). — *Le Havre en miniature.* — Coll. Seguin.

[1851] *Inauguration du chapitre des Chevaliers de la rénovation au Havre.* — Lech.

1851 Matenas (Ch.-B.). — *Renseignements nautiques sur les côtes de France.* — B. M.

1852 Toussaint (V.). — *Précis historique sur les statues de Bernardin-de-St-Pierre et Casimir-Delavigne.* — Coll. Seguin.

[1853] *Ouverture de rues nouvelles.* — Lech.

1853 Leroy. — *Discours à l'inauguration des statues de Bernardin-de-St-Pierre et Casimir-Delavigne.* — Lech.

1854 Beauregard (Dʳ F.-V.). — *Recherches sur la nature et le traitement du choléra.* — Lech.

» Musset (Alf. de). — *Discours d'inauguration des statues de Bernardin-de-St-Pierre et Casimir-Delavigne.* · Lech.

» Martin (J.). — *Les armateurs havrais*, poésie. — Coll. Seguin.

1856 Bouquet (M.). — *Le loup et le chien*, comédie. — Coll. Seguin.

1857 Toussaint (V.). — *Voyage au Havre de LL. MM. Impériales, les 5 et 11 août 1857.* — Coll. Seguin.

» *Règlement et tarif de l'octroi.* — Lech.

» Cochet (abbé). — *Rapport à M. le Maire du Havre (sépultures et pierres tombales).* — Coll. Seguin.

» [Menard]. — *Types fantastiques. Le classeur de coton.* — Coll. Seguin.

1858 Ville du Havre. — *Police des cimetières.* — Coll. Seguin.

» Lallemant (Ch.). — *La caserne des douanes au Havre.* — Coll. Seguin.

1858 Nillus (Ch. M.). — *Réflexions sur le projet des lignes transatlantiques.* — Coll. Seguin.

1859 Toussaint (V.). — *Proposition relative à la création d'un département dont le Havre serait le chef-lieu.* — Lech.

1860 Courtois (J.). — *Considérations (assainissement de l'est du Havre).* — Coll. Seguin.

» Lecadre (Dr). — *Assainissement de la vallée de Graville-Leure.* — Lech.

» Rispal (A.). — *Discours prononcé au banquet de R∴ L∴ de l'Amen∴ Or∴* — Lech.

1862 Janvrain (L.-A.). — *Les inscriptions souterraines de la tour François-Ier.* — Coll. Seguin.

1863 Maze (L.). — *Quelques notes sur le doyenné de St-Michel d'Ingouville.* — Lech.

1864 Ville du Havre. *Théâtres.* Règlement. — Lech.

1865 *Auditions données dans la salle Ste-Cécile.* — Lech.

1867 Ribeyre (F.). — *Le Havre à l'exposition universelle de 1867.* — Coll. Seguin.

» Ribeyre (F.). — *Le couronnement de l'édifice.* — Coll. Seguin.

[1868] Ribeyre (F.). — *Les annales de l'exposition du Havre.* — Coll. Seguin.

» Dumas (A.). — *Programme officiel de l'exposition maritime du Havre.* — Coll. Seguin.

1868 Ribeyre (F.). — *Inauguration de l'exposition maritime internationale du Havre.* — Coll. Seguin.

» *Catalogue de la Bibliothèque du pavillon Bardett, à la Demi-Lieue.* — Lech.

1869 Lahure (E.). — *Inconvénients de ne pas connaître la direction qui donne la route la plus courte pour traverser l'Océan.* — Coll. Seguin.

» Lahure (E.). — *Méthode permettant de déterminer sur les cartes marines, etc.* — Coll. Seguin.

1870 *Le Havre à Graville,* revue locale. — Coll. Seguin.

» Serres (H.). — *Formation d'une Société pour la création d'une école supérieure de commerce au Havre.* — Lech.

CHAPITRE VIII

Imprimerie O. Prud'homme

(1845-1870)

O. Prud'homme (1845-1864). — O. Prud'homme et T. Leclerc (1864-1867). — T. Leclerc (1867-1870). — O. Prud'homme et Cⁱᵉ (1867). — Santallier et Cⁱᵉ (1867-1870).

En **1845, O. Prud'homme**, imprimeur, vint s'établir rue de Normandie, n° 190. Cinq ans plus tard, il fonda le *Journal de Graville,* sur le territoire duquel il était, en fait, installé. On sait qu'un an auparavant, J. Morlent publiait encore son journal sous le double titre de : *Revue du Havre et Journal de Graville,* titre qu'en 1849 il avait simplifié en le libellant ainsi : *Revue du Havre.* Cette *Revue du Havre et Journal de Graville,* O. Prud'homme l'imprima en 1848 et 1849. Est-ce peut-être à la suite d'entente entre Morlent et lui, que le premier abandonna le titre de *Journal de Graville* au second. Tout le fait supposer. Ce journal d'ailleurs cessa sa publication un an après, en 1851.

Non lassé par cet insuccès, en 1852, il fonde un nouveau journal sous le titre de *L'Echo du Havre.*

De chez O. Prudhomme sont sortis :

1846 CHANDELIER (A.). — *Discours sur l'histoire du commerce.* — Lech.
» LEMÉTHEYER (le Chevalier F.). — *Arbalète de sauvetage.* — Coll. Seguin.
» LEMÉTHEYER (le Chevalier F.). — *Manuel des officiers et maîtres de port.* — Coll. Seguin.
1847 MORLENT (J.). — *Mémoires de la fondation et origine de la ville Françoise-de-Grâce par Maistre Guillaume de Marceilles.* — Coll. Seguin.
1854 *Petit code des usages reconnus constans dans l'arrondissement du Havre.* — Coll. Seguin.
1868 RISPAL (A.). — *L'eau,* étude poétique. — Coll. Seguin.

T. Leclerc s'associa, en 1864, avec O. Prud'homme, sous la raison sociale **O. Prud'homme et T. Leclerc.** En 1867, ils se séparent : Leclerc installe sa typographie cours Napoléon, n° 174, et O. Prud'homme monte un établissement d'imprimerie boulevard Impérial, n° 102.

Comme on vient de le voir, **T. Leclerc** s'installa, en 1867, cours Napoléon, n° 174 (cours de la République actuel). En 1869, il fondait *La Hève,* journal littéraire qui existe encore de nos jours, ainsi, du reste, que la maison qui l'imprime et son aimable propriétaire.

Des presses de T. Leclerc sont sortis :

1868 DURAND (A.). — *La médecine et l'hygiène à l'exposition du Havre.* — Lech.
» DUMONT (E.) et A. LÉGER (LEGAMBIER). — *Histoire de la Ville d'Harfleur.* — Coll. Seguin.
1869 DUBOCAGE (E.) et FREEL (E.). — *La tradition et les souterrains de Graville.* — Coll. Seguin.

En 1867, O. Prud'homme, en quittant Leclerc, donna son nom à une société qui s'appela **O. Prud'homme et Cᵉ** Dans l'imprimerie qu'il monta sous cette raison sociale, boulevard Impérial, n° 162 (boulevard de Strasbourg actuel), il continua de faire paraître son journal *L'Echo du Havre*.

L'année suivante, la Société O. Prud'homme et C° changeait de nom. F. Santallier et C° était sa nouvelle dénomination.

F. Santallier et C°. — L'idée républicaine faisant de grands progrès au Havre, il semblait nécessaire qu'un journal soutînt les aspirations de l'opposition en cette ville. Comprenant cette nécessité, Santallier fonda, en 1868, un journal républicain sous le titre : *Le Havre*. La Société O. Prud'homme et C° devint, avons-nous dit, la Société F. Santallier et C°. Elle continua l'exploitation des deux journaux : *Le Havre* et *L'Echo du Havre*, boulevard de Strasbourg, n° 162, dans le même local que l'ancienne Société.

Médiocre administrateur, Santallier était un polémiste ardent et un écrivain de valeur.

Pour l'instant, nous n'analyserons pas son œuvre, ce serait sortir de notre cadre. Plus tard, si le temps nous le permet, dans une étude sur les journaux du Havre, nous espérons le faire.

Cette société prit dans la suite le titre de *Société Anonyme du Journal Le Havre*, qu'elle a gardé depuis.

Elle est aujourd'hui dirigée par M. O. Randolet, administrateur-délégué ; et le journal *Le Havre* a comme rédacteur en chef, gérant, notre confrère, M. H. Fénoux.

Des presses de la Société Santallier et C° est sorti :

1870 LÉCHAUT (L.). — *Les assurances sur la vie* (conférence). — Coll. Seguin.

CHAPITRE IX

Imprimerie Jean-Baptiste-Toussaint Duchesne

(1845-1870)

Jean-Baptiste-Toussaint Duchesne, autorisé par un brevet daté de 1845, installa, la même année, un atelier de graveur en taille-douce, rue de Paris, n° 12. Il le transféra d'abord, en 1863, boulevard d'Ingouville, n° 20 (devenu en 1867, chaussée d'Ingouville), puis, en 1868, rue Caroline, n° 23, où il tenait encore boutique en 1870.

CHAPITRE X

Imprimerie Félix David

(1850-1870)

Un imprimeur lithographe, **Félix David**, muni d'un brevet daté du 10 juin 1850, s'établit cette même année rue de la Communauté, n° 18. En 1861, il transporta son imprimerie rue Corneille, n° 25, où il se trouvait encore en 1870.

CHAPITRE XI

Imprimerie Costey frères

(1857-1870)

Costey frères (1857-1867). — *Eugène Costey* (1867-1870).

En vertu d'un brevet daté du 13 octobre 1848, Isidore-Gabriel Costey, fils de Costey-Laisney, ouvre, en 1857, rue de l'Hôpital, n° 6 (rue Bazan actuelle), un atelier d'imprimerie. Il s'associe avec son frère, et sous la raison sociale : **Costey frères**, ils continuent pendant dix ans l'exploitation de leur fonds de commerce.

Des presses de Costey frères sont sortis :

s. d. BLANCHET. — *Catalogue de tableaux, dessins, etc., provenant de la galerie de M. Bonvoisin.* — B. M.

1854 DUBOC (E.). — *Manuel des négociants pour la connaissance des marchandises.* — Lech.

1855 PHÉNÉ (F.). — *The ship master's guide in the port of Havre.* — Lech.

1857 ZIMMER (J.). — *L'ami du voyageur.* — Coll. Seguin.

1858 *Règlement de police du port du Havre.* — Lech.

[1859] CAUMONT (A.). — *Mémoire concernant les eaux de la Lézarde.* — Lech.

1859 GIQUEL (E.). — *Notes d'astronomie et de navigation.* — Coll. Seguin.

  » TOUSSAINT (V.). — *Manuel des propriétaires et locataires du Havre.* — Coll. Seguin.

  » *Petit code rural spécial des propriétaires et des fermiers.* — Coll. Seguin.

  » LADVOCAT (A.). — *Ville du Havre. Service de la voirie.* —

  » TOUSSAINT (V.). — *Les trois Hôtels de Ville du Havre.* — Coll. Seguin.

[1860] *Catalogue de la Bibliothèque de feu M. le Marquis de Pardieu.* — Coll. Seguin.

1860 GIQUEL (E.). — *Traité élémentaire de trigonométrie.* — Coll. Seguin.
  » PEULEVEY (L.). — *Considérations sur les sociétés anonymes.* — Lech.
  » JANVRIN (L.-A.). — *Promenade dans quatre châteaux historiques aux environs du Havre.* — Coll. Seguin.
  » MORLENT (J.). — *Guide du touriste au Havre et dans ses environs.* — Coll. Seguin.
  • CAZAVAN (G.). — *Observations sur le projet d'achèvement de la Basse-Seine.* — Lech.
  » *Projet d'agrandissement de l'église Ste-Marie.* — Lech.
1861 DUBOC (E.). — *Considérations sur l'art musical.* — Coll. Seguin.
[1861] MORLENT (J.). — *Le Cap de la Hève. Eva de Vitanval.* — Coll. Quoist.
1861 JANVRIN (L.-A.). — *Les châteaux de l'arrond. du Havre.* — Coll. Seguin.
1862 TOUSSAINT (V.). — *Pièces historiques relatives au siège du Havre par Charles IX en 1563.* — Coll. Seguin.
[1864] MORLENT (J.). — *L'abbaye et le château de Graville.* — Coll. Seguin.
[1864] BACHELET. — *Le Havre, son passé, son présent, et ce que pourrait être son avenir.* — Coll. Seguin.
1864 LENNIER (G.). — *Excursion géologique aux environs du Havre.* — Coll. Seguin.
  » ANFONSO. — *Loch électrique.* — Coll. Seguin.
1865 COSTEY (Ernest). — *Mémoire sur la navigation au cabotage.* — Lech.

En **1867**, **Eugène Costey** prit seul la suite des affaires de la Société Costey frères. Cette maison a disparu en **1898**, Eug. Costey ayant vendu son matériel à l'encan.

Des presses de Eugène Costey sont sortis :

s. d. *Usages du commerce du Havre.* — Lech.
  » *Tarif de la composition du tonneau d'affrètement.* — Lech.
  » *Concours public pour la construction d'une Bourse au Havre.* — Lech.
1869 *Projet d'amélioration du port du Havre.* — Lech.
[1870] TACONET (J.). — *Récit pour mes enfants.* — Coll. Seguin.
  » LENNIER (G.). — *Etudes géologiques et paléontologiques sur l'embouchure de la Seine.* — Coll. Seguin.

CHAPITRE XII

Imprimerie Pierre-Emile Fournier

(1857-1870)

Pierre-Emile Fournier (1857-1861). — A. et F. Fournier (1861-1862). — Fournier (1862-1868). — Fournier-Frantin 1868-1870.

Pierre-Emile Fournier s'établit imprimeur en **1857**, rue de l'Hôtel-de-Ville, n° **5** (rue Diderot actuelle); cinq ans après il associa son frère, A. Fournier, à son industrie (c'est celui-ci que nous voyons établi comme imprimeur lithographe, en 1854, chaussée d'Ingouville, mais dont nous ne rencontrons pas le brevet mentionné dans la liste complète des brevets havrais que nous devons à l'obligeance de M. de Beaurepaire, archiviste du département).

Un an plus tard, nous retrouvons un Fournier établi seul, et en 1868, c'est Fournier-Frantin qui prend la suite et transporte son installation rue et passage Bernardin-de-St-Pierre. Fournier-Frantin était dessinateur. Il a fait des planches lithographiques assez remarquables. Elève de notre Ecole des Beaux-Arts, chaque année il remportait un prix ; c'était une sorte de lauréat perpétuel que cet excellent homme, dont les affaires prospéraient encore à souhait en 1870.

CHAPITRE XIII

Imprimerie Edmond Legouteux

(1857-1870)

L'imprimerie lithographique de Legouteux fut établie en 1857. Son brevet porte la date du 14 mars 1857.

D'abord installé rue de Berry, n° 14, en 1859, il déménagea et vint habiter au n° 12 de la rue de la Comédie ; ensuite, en 1867, il s'en fut rue d'Orléans, n° 24 (rue Victor-Hugo actuelle), et en 1868, nous le voyons boulevard d'Ingouville, n° 13.

Cette maison existe encore : elle appartient à M. P. Loquay.

CHAPITRE XIV

Imprimerie Roquencourt

(1862-1870)

Si nous nous en rapportons à l'assertion que nous avons citée au chapitre concernant Le Petit et dans lequel il est parlé de Roquencourt, celui-ci ouvre, en 1863, rue Joinville, n° 37, une imprimerie et, l'année suivante, la transfère Grande-Rue, n° 10, et rue Casimir-Périer, n° 39.

En 1869, un nommé Sorèze fonde chez Roquencourt un organe sous le titre de : *La Gazette illustrée du Havre*.

Cette imprimerie existe encore ; elle appartient à M. F. Le Roy.

Des presses de Roquencourt sont sortis :

[1862] JANVRIN (L.-A.). — *Bénédiction des cloches de l'église de Montivilliers.* — Coll. Seguin.

1863 JARDIN (J.-B). — *Considérations générales sur le port du Havre.* — Lech.

» NICOLE (G.). — *Le boulevard maritime du Havre.* — Coll. Seguin.

[1863] LE BAILLY. — *Le boulevard maritime et les contribuables.* — Lech.

[1864] *L'Alcazar Havrais.* Grande scène lyrique. — Coll. Seguin.

1864 *Société d'instruction mutuelle du Havre.* — Lech.

[1866] ALEXANDRE (Ed.). — *Revue fantaisiste de 1866.* — Coll. Seguin.

» *Société d'instruction mutuelle du Havre.* — *Bibliothèque de circulation.* — Lech.

1867 Ville du Havre. — *Règlement de police (lieux et fosses d'aisances).* — Lech.

» DAULNY (Ed.). — *La question du quai sud du bassin Vauban.* — Lech.

[1868] Ville du Havre. — *Cahier des charges (entrepr. de nettoiement).* — Lech.

1868 FLEURY (V.). — *Le Havre à l'exposition maritime internationale,* cantate. — Coll. Seguin.

» VALLÉE (BOURLET DE LA). — *Jardin botanique du cercle d'horticulture.* — Lech.

1869 EBRAN (A.). — *Catalogue des plantes vasculaires de l'arrondissement du Havre.* — B. M.

» MEURDRA (H.). — *Bordereau des prix des travaux à exécuter au Havre.* — Lech.

1870 TOUROUDE (A.) et E. DESSOLINS. — *Les Amis du défunt,* comédie. — Coll. Seguin.

CHAPITRE XV

Imprimerie Lecoq

(1869-1870)

Le 21 décembre 1868, un ancien typographe de la maison A. Lemale, nommé **Auguste Lecoq,** prenait un brevet d'imprimeur en caractères. Il acheta, en 1870, le matériel d'un nommé Girard, également titulaire d'un brevet en date du 26 novembre 1869.

Il ouvrit, rue de la Comédie, n° 35, au premier étage, une typographie sous le nom de : *Imprimerie Nouvelle.*

Cette maison existe encore et M. Georges-D. Quoist, auteur de cette étude, en est le propriétaire.

TROISIÈME PARTIE

Libraires-Editeurs

A côté des imprimeries dont nous venons de tracer l'historique, il existait au Havre quelques maisons de librairie qui se chargeaient d'éditer des ouvrages. Ceux d'entre eux qui, en outre du nom de l'éditeur, portent celui de leur imprimeur, ont été placés, comme il convenait du reste, dans la bibliographie relative à ce dernier. Mais un certain nombre ne portent que le nom du libraire; nous croyons utile de les donner dans un chapitre spécial, car il y a lieu de penser qu'ils ont été pour la plupart exécutés dans les ateliers havrais. Afin que notre travail soit complet, nous terminerons ce chapitre par une liste d'ouvrages imprimés au Havre, mais ne portant aucun nom d'imprimeur.

Librairie Chapelle

Cette librairie était située rue de Paris.

1822 Morlent (J.). — *L'Abeille du Havre et de la Seine-Inférieure.* — Coll. Seguin.

1823 Delavigne (Casimir). — *Discours d'inauguration pour l'ouverture de la salle de spectacle du Havre.* — Coll. Seguin.

1825 Morlent (J.). — *Le Havre ancien et moderne et ses environs.* — Coll. Seguin.

» Hamon (L.-A.). — *Neustrienne à M. C. Delavigne.* [Imp. S. Faure.] — Coll. Seguin.

1827 *Le Magnétisme animal à l'usage des gens du monde.* [Imp. A. Thouret.] — Coll. Seguin.

1828 Hamon (L.-A.) — *Imitations poétiques et sacrées.* — Coll. Seguin.

» Levée (J.-B.). — *Biographie ou galerie historique des hommes célèbres du Havre.* — Coll. Seguin.

Librairie Théodule Cochard

Cette librairie était située rue des Drapiers, nᵒ 29.

s. d. Launay (A.). — *Le médecin du bord.* — B. M.

1858 *Nouveau plan du port et de la ville du Havre.* — Lech.

[1858] Santallier (F.). — *Sur la jetée. Pilote de l'étranger dans le Havre.* — Coll. Seguin.
1859 Le même (2ᵉ édition).
1860   »   (3ᵉ   »   ).
1861   »   (4ᵉ   »   ).

Librairie Touroude

Cette librairie était située rue de Paris, nᵒ 63. Elle appartenait au père d'Alfred Touroude, poète et auteur dramatique, né au Havre le 9 novembre 1839, mort à Paris le 6 juin 1875.

1865 Touroude (A.). — *Les écrivains havrais. Étude biographique et littéraire.* — Coll. Seguin.
1867 Touroude (A.) — *Discours (en vers) pour la 1ʳᵉ représentation donnée par une Société d'amateurs.* — Lech.

Ouvrages sans nom d'imprimeur

imprimés au Havre

s. d. *Réponse à l'écrit fanatique intitulé :* Respectueuse et instante sollicitation, etc. — B. M.
  » Matenas (Ch.-B.). — *Dictionnaire de la marine.* — Coll. Seguin.
  » *L'auteur de l'adresse au peuple breton.* — B. M.
  » Clerc (J.). — *Mémoire à la commission de la chambre des députés.* — Lech.
1780 *Tarif général des droits d'octroi du Havre.* — Lech.
1781 Le Masson Le Golft (Mˡˡᵉ). — *Entretien sur le Havre.* — Coll. Seguin.
1791 *La Société des Amis de la Constitution du Havre.* — Arch. M.
  » *Aux femmes pieuses et égarées.* — Lech.
  » *Aux dissidents et dissidentes.* — Coll. Seguin.
1796 Jourdain (L.) — *Dissertation sur la fièvre putride.* — Lech.
An VIII *Délibération du Conseil de la République.* — Arch. M.
1819 *Parc aux huîtres du Havre-de-Grâce (soi-disant malsain).* — Arch. M.
1826 M. G. M. E. — *Le livre qui n'en est pas un.* — Lech.
1830 *Recueil des tares et usages sur la place du Havre.* — Lech.
1834 Le Berrier. — *Plan du Havre avec les projets d'agrandissement.* — Lech.
  » Matenas (C.-B.). — *Recueil de tables utiles à la navigation.* — Lech.
1838 *Mémoire relatif au chemin de fer de Paris à la mer.* — Lech.
1841 Reydellet. — *A M. A. Normand.* — Lech.
  » Hue (P.). — *Premier système d'agrandissement du port et de la ville du Havre.* — Lech.
1843 *Une Société d'artistes et de gens de lettres.* — Lech.
1849 Derrien. — *Le magnétisme au Havre.* — Catal. Canel.
1855 Lepetit-Desauques. — *Memento des sapeurs-pompiers.* — Lech.
1858-63 *Lois et décrets concernant les ventes publiques.* — Lech.
1860 *La Lyre cauchoise. Infortunes de J. N. P. Trouillefeu.* — Vente Touss.
1863 *Le Havre nouveau.* — Lech.
1868 Sullivan (John). — *Le guide au Havre et à l'exposition.* — Lech.

Liste des Journaux parus au Havre

de 1776 à 1870 [1]

Au cours de notre travail, nous avons cité des journaux publiés au Havre; dans la crainte d'en avoir omis quelques-uns, en voici le résumé par ordre de date d'apparition :

1776   *Commerce Maritime*, à partir du mercredi 3 janvier 1776, 1, 2 ou 4 pages, in-8° carré (le numéro 46, n'a qu'une page). Hebdomadaire, paraît tous les mercredis. Cette feuille, tout en restant du même format, prend le titre de :

1805   *Bulletin d'entrée et de sortie et prix-courant des marchandises*, n° 3810. Quotidien, devient en :

1814   *Affiches, annonces et avis divers*, n° 774, même format. Se transforme en :

1815   *Feuilles d'annonces judiciaires, commerciales et maritimes du Havre*, n° 999, les n°s sont généralement de 8 p., parfois de 12, change de titre en :

1816   *Cours légal des marchandises sur la place du Havre*. Et en :

1824   *Prix courant des Marchandises*, Pour devenir en :

1826   *Journal du Havre*. (Existe de nos jours).

1833   *Estafette du Havre* (1834).
      Prix-courant et revue du Marché du Havre (1838).
      Havre Price-Current and Review of the Market (1838).

1835   *Revue du Havre* (1850).

1838   *Archives du Havre* (1840).
      Journal de l'Arrondissement (1899).

1840   *Courrier du Havre*. (Existe de nos jours).
      Le Carillon (1840).
      Le Furet (1848).

1842   *Le Courrier d'Ingouville* (1844).

1846   *Le Moniteur du Havre* (1847),
      Le Colibri (1848).

1847   *Journal du Dimanche* (1847).

1848   *Le Havre* (1849).
      Journal de Graville (1851).

1849   *Le Républicain du Havre* (1849).

1851   *Le Phare du Havre* (1852).

1853   *Echo du Havre* (Existe de nos jours).

1854   *La Chronique*, littéraire (1854).

1857   *Bulletin de correspondance*. (Existait en 1870).

---

(1) La date placée en marge à gauche indique l'année d'apparition et celle entre parenthèses, placée à la suite du nom du journal, indique l'année de disparition.

1861   *Bulletin des ventes.* (Existait en 1870).
      Revue hebdomadaire des cotons (Existait en 1870).
      Revue anglaise (Existait en 1870).
1864   *Passe-Temps* (Existe de nos jours).
1867   *La Publicité.* (Existait en 1870).
      Gazette de l'Exposition maritime du Havre (1868).
1868   *Le Havrais.* (Existait en 1870).
      Le Havre. (Existe de nos jours).
1869   *L'Industriel Havrais.* (Existait en 1870).
      La Hève. (Existe de nos jours).
      La Gazette illustrée du Havre.

CONCLUSION

Nous tenons à remercier nos collègues du bienveillant accueil qu'ils ont fait à notre travail. Nous n'attendions pas moins d'eux, car nous les savons toujours prêts à s'intéresser à ce qui touche à l'histoire de notre chère cité et toujours bien disposés en faveur de ceux qui s'efforcent de la faire connaître davantage par la mise au jour de parties oubliées ou ignorées. Si quelque erreur ou quelque lacune s'est glissée ou existe dans ce travail, nous serions heureux qu'on voulût bien nous la signaler.

Une *Histoire de l'Imprimerie au Havre* présente, ce nous semble, un double intérêt, elle est en même temps qu'un monument élevé à une profession, une utile contribution à l'histoire locale à laquelle elle est intimement liée.

La bibliographie qui suit chaque notice est d'un enseignement que nous croyons intéressant, elle est comme le reflet des préoccupations de chaque époque de la vie de notre ville ; on saisit en la parcourant le genre de ces préoccupations : les unes, politiques, religieuses, historiques, littéraires, les autres, toutes de transformation et d'agrandissement de la ville et du port ; on remarque quels genres d'ouvrages en telle ou telle année étaient le plus demandés ou le plus souvent exécutés.

Nous voyons, au début de l'établissement de l'imprimerie au Havre, les ouvrages d'hydrographie et de marine dominer parmi les livres imprimés chez les Gruchet, les Hubault et chez Pierre Faure. — Chez P.-J.-D.-G. Faure, à la fin du xviiie et au commencement du xixe siècle, à cette époque si troublée de la Révolution, en dehors des livres spéciaux que nous venons de citer, se rencontrent en grande quantité des adresses, des décrets, des arrêts, des ordonnances, etc., quantité de placards concernant la vie politique de la ville.

Plus tard, entre 1830 et 1870, les brochures relatives à l'amélioration du port, à la défense et à l'agrandissement du Havre, sont nombreuses, nous les voyons figurer chez tous les imprimeurs alors établis.

Avant d'en terminer, retenons cette date 1870 où s'arrête notre travail, année de la suppression des brevets.

La suppression des brevets ne fut pas tout à fait fortuite. On se préoccupait de cette question depuis 1867, mais ce n'est qu'en 1869 (le 25 juillet) qu'une commission fut nommée pour l'étude des questions relatives aux régimes de l'imprimerie et de la librairie. Faisaient partie de cette commission : MM. Bonjean (1), président à la Cour de cassation ; de Sacy et Nisard, de l'Académie française ; trois députés : MM. Paul Dupont, imprimeur ; Latour-du-Moulin et Nogent-St-Laurens ; trois conseillers d'Etat : MM. Riché, Genteur et Oscar de Vallé ; le préfet de police Piétri ; le procureur général Grandperret ; un conseiller à la Cour de cassation : M. Lenormant ; Emile Augier, de l'Académie française ; Didot, membre de la commission municipale de Paris ; le comte Sérurier , commissaire du gouvernement près la commission de colportage ; le directeur de l'imprimerie et de la librairie au ministère de l'intérieur: M. Juillerat, faisant fonctions de commissaire général ; le directeur de la division de la Presse : M. Langlé ; enfin, outre M. Giraudeau, ancien chef de bureau, MM. Brot, Roquefort-Villeneuve et Frédy, commissaires et secrétaires.

On remarque, dans cette commission, à côté de jurisconsultes et de fonctionnaires spéciaux, deux imprimeurs connus, A.-F. Didot et Paul Dupont.

La guerre venant, les travaux de la commission furent interrompus. La chute de l'Empire entraîna sa dissolution. Elle avait pourtant tenu des séances fort intéressantes. Un questionnaire en dix articles avait été envoyé à tous les intéressés avec l'invitation de déposer les réponses devant elle soit de vive voix, soit par écrit. En ce qui concerne la librairie un grand nombre de libraires répondirent, les uns par la voie des organisations dont ils faisaient partie : le Cercle de la Librairie (au nom des éditeurs); la Société des libraires détaillants et des employés de librairie. Les autres individuellement.

La Société des Gens de lettres adopta à l'unanimité le rapport de M. Léo Lespès qui concluait à la « suppression des brevets

---

(1) M. Bonjean, membre de cette commission, et dont la compétence en matière de législation regardant l'imprimerie était remarquable, fut fusillé comme otage, en 1871.

de libraire et d'imprimeur ; faculté à tous d'imprimer et de vendre des livres ».

Si, du côté des libraires, la presque unanimité des membres de cette profession ne voyait pas de graves inconvénients à la suppression des brevets, du côté des imprimeurs, il était loin d'en être de même :

Un Congrès des imprimeurs de France se réunit le 31 octobre 1869, il avait pour seul ordre du jour cette question des brevets. Les membres du Congrès, estimant que la possession

Fig. 8. — Fac similé d'un brevet d'imprimeur.

d'un brevet acquis à titre onéreux, patrimoine de famille et propriété reconnue par la loi, ne peut leur être retiré sans indemnité : « Attendu que la suppression du brevet, si elle était prononcée, constituerait une expropriation réelle, demandent qu'une juste et préalable indemnité soit accordée, en cas de suppression, aux titulaires ou possesseurs de brevets. »

Une dernière résolution votée à cette séance concluait ainsi : « Du moment où l'imprimerie sera déclarée libre, elle devra rentrer dans le droit commun, être assimilée à toutes les autres industries, n'être, en un mot, soumise qu'aux conditions et obligations communes à toutes les industries ».

L'indemnité à accorder aux imprimeurs avait déjà été discutée quelques années auparavant devant le Parlement.

Le baron Dupon, dans la séance du 19 novembre 1830, lors de la discussion d'une proposition de suppression des brevets d'imprimeur, émit l'opinion suivante :

« Le gouvernement n'a pas vendu aux notaires, aux avoués, leurs charges, il leur a donné des brevets ; mais il s'établit par la possession une sorte de propriété. Il y a donc nécessité d'accorder une indemnité proportionnelle à tous les imprimeurs suivant la population. »

En 1848, Pierre Leroux, sur la même question, reconnaît le droit des imprimeurs à une indemnité.

En 1867, M. Nogent-Saint-Laurent lit un rapport concluant au rejet de la suppression pour des raisons analogues.

Les chambres syndicales des imprimeurs en taille-douce, des imprimeurs lithographes, ainsi que plusieurs individualités concluent, à la suppression de privilège, les uns sans, d'autres, avec indemnité.

Dans la séance du Corps législatif du 12 juillet 1870, sur une question de M. Garnier-Pagès, le ministre de l'intérieur répond au sujet des brevets : que la commission avait *reconnu qu'il pouvait y avoir lieu à indemnité, du chef des sommes qui ont été payées par les imprimeurs conservés en 1810 pour désintéresser ceux dont les brevets avaient été supprimés* ».

La question était pour ainsi dire résolue, lorsque la guerre éclate, l'Empire s'écroule entraînant dans sa chute le Corps législatif qui n'avait plus qu'à entendre le rapport de sa commission et à voter.

Le 10 septembre 1871, un décret-loi vint trancher en ces termes la question des brevets :

« Le Gouvernement de la Défense nationale,

» Décrète,

» Art. Iᵉʳ. — Les professions d'imprimeur et de libraire sont libres.

» Art. 2 — Toute personne qui voudra exercer l'une ou l'autre de ces professions sera tenue à une simple déclaration faite au ministère de l'intérieur.

» Art. 3. — Toute publication portera le nom de l'imprimeur.

› Art. 4. — Il sera ultérieurement statué sur les conséquences du présent décret à l'égard des titulaires actuels des brevets.

> » Général Trochu, Jules Favre, Emm. Arago,
> Crémieux, Jules Ferry, Gambetta, Garnier-
> Pagès, Glais-Bizoin, C. Picard, Pelletan,
> Rochefort, Jules Simon. »

Avec ce décret disparaissait un privilège que la loi du 17 mars 1791 avait supprimé, que Napoléon Ier avait rétabli par une loi du 21 octobre 1814, après qu'un décret du 2 février 1811 avait d'abord réduit le nombre des imprimeries parisiennes et imposé aux imprimeurs conservés l'achat du matériel de leurs confrères supprimés, plus le paiement à chacun de ces derniers d'une indemnité de 4,000 francs.

Terminons en disant qu'une campagne a été organisée depuis quelques années par l'*Union des Imprimeurs de France* en vue d'obtenir le remboursement des brevets supprimés par le décret du 10 septembre 1871.

Nous doutons que ce remboursement s'opère jamais.

TABLE DES MATIÈRES

Troisième Partie

Imprimerie H. MICAUX, 34 *bis*, rue de la Bourse — Havre